Plan urbanisme, construction, architecture
Ministère de l'Équipement, des Transports,
de l'Aménagement du territoire,
du Tourisme et de la Mer

La conduite des projets architecturaux et urbains :
tendances d'évolution

Sous la direction de Michel Bonnet

Ouvrage réalisé à l'initiative

du Plan urbanisme, construction, architecture, direction générale de l'urbanisme de l'habitat et de la construction du ministère de l'Équipement, des Transports, de l'Aménagement du territoire, du Tourisme et de la Mer

«En application de la loi du 11 mars 1957 (art. 41) et du code de la propriété intellectuelle du 1er juillet 1992, toute reproduction partielle ou totale à usage collectif de la présente publication est strictement interdite sans autorisation expresse de l'éditeur.Il est rappelé à cet égard que l'usage abusif et collectif de la photocopie met en danger l'équilibre économique des circuits du livre ».

© La Documentation française - Paris, 2005
ISBN : 2-11-00-5988-5

Remerciements

En mémoire de Michel Rubinstein du Centre scientifique et technique du bâtiment. Ses interventions et ses conseils furent pour moi essentiels et permirent entre le PUCA et le CSTB un partenariat particulièrement fécond. Les huit années de notre collaboration correspondent à la période la plus réussie de ma vie professionnelle. Il joua un rôle essentiel mais toujours discret dans cette coopération institutionnelle unique.

Élisabeth Courdurier, du bureau d'études GRAIN, a assuré le secrétariat scientifique et le secrétariat de rédaction de l'ensemble du processus de travail qui a conduit à l'élaboration de cet ouvrage. Elle a joué un rôle important dans l'explicitation progressive des réflexions et des perspectives des articles qui ont émergé au cours de la réflexion collective. Thérèse Evette a conseillé le Plan urbanisme construction architecture (PUCA) dans la mise au point finale de cet ouvrage. Je les remercie pour le soutien qu'elles m'ont toutes deux apporté, en vue de la confection de ce livre.

Michel BONNET

Sommaire

Remerciements 3

Introductions. 7

De la commande architecturale et urbaine 7
Michel Bonnet

Quelques perspectives sur la conduite des projets d'aménagement . . . 13
Thérèse Evette

Première partie
L'évolution des partenariats 31

Chapitre 1
Projet urbain et complexité de la ville 33
Alain Bourdin

Chapitre 2
Les maîtrises d'ouvrage : des produits et des processus 49
François Lautier

Chapitre 3
**Conception et réalisation de l'espace bâti :
les professionnels de la maîtrise d'œuvre** 67
Guy Tapie

Deuxième partie
Transformations de la commande
et des expertises urbaines 83

Chapitre 4
**Partenariat public-privé et bâtiment en Europe :
quelques enseignements** 85
Frédéric Bougrain, Jean Carassus, Marc Colombard-Prout

Chapitre 5
**La construction des expertises techniques
au sein du processus de projet** 101
Jean-Jacques Terrin

Chapitre 6
Entre les acteurs de la fabrication de la ville : les maquettes virtuelles .. 119
Philippe Dard

Postface
L'Aménagement entre processus et transaction. 135
Olivier Piron

Introductions

De la commande architecturale et urbaine

Michel Bonnet [1]

L'ouvrage collectif *La conduite des projets architecturaux et urbains : tendances d'évolution* porte sur les transformations de la commande et des partenariats des acteurs et des professionnels de la conception et de la réalisation du cadre bâti.

Pour comprendre la nature et la forme de cet ouvrage collectif, il est utile de rappeler quelques traits significatifs de la genèse de ce document. L'idée de départ était de réaliser la synthèse d'une série de séminaires européens qui ont eu lieu de 1996 à 2000 sur la thématique de « l'élaboration des projets architecturaux et urbains en Europe : quels systèmes d'action ? » [2]. Ceux-ci furent jugés d'un intérêt suffisant pour donner lieu à un ouvrage de reprise et d'actualisation des principaux résultats de ces rencontres européennes.

Il s'agissait, à travers ce projet, de ressaisir et d'expliciter les principaux acquis de ces quatre manifestations qui avaient systématiquement mêlé les contributions d'acteurs professionnels de l'urbanisme, de l'aménagement et de l'architecture et de chercheurs et d'experts des domaines considérés. Il fut donc demandé à chaque responsable scientifique des quatre séminaires ainsi qu'à deux témoins privilégiés de ces manifestations [3] d'en fournir chacun pour sa part une vision synthétique.

Une deuxième préoccupation orientait cette démarche : celle d'un rapprochement entre architecture et bâtiment ou plus largement cadre bâti, c'est-à-dire de l'architecture et du bâtiment replacés dans leur contexte urbain. Cela s'est traduit

---

[1] Chargé de mission au PUCA.
[2] Volume 1 : *Les acteurs du projet architectural et urbain*, responsable scientifique Guy Tapie ; volume 2 : *Les commandes architecturales et urbaines*, responsable scientifique Cristina Conrad ; volume 3 : *Les pratiques de l'architecture, comparaisons européennes et grands enjeux*, responsable scientifique Robert Prost ; volume 4 : *Les maîtrises d'ouvrage en Europe, évolutions et tendances*, responsable scientifique François Lautier. Les documents rendant compte de ces manifestations ont été publiés dans la collection « Recherches » du PUCA.
[3] François Ascher, professeur à l'Institut d'urbanisme, ancien conseiller scientifique du PUCA et Michel Callon, directeur de recherche au Centre de sociologie de l'innovation de l'École nationale supérieure des mines de Paris.

de la part du Centre scientifique et technique du bâtiment (CSTB) par le souhait de compléter la réflexion initiale essentiellement sociologique et architecturale par un volet économique.

Les premières réunions de conception de cette synthèse collective eurent lieu au printemps 2002. Très rapidement le projet initial fut remanié, pour deux raisons essentielles, d'une part du fait de l'évolution des phénomènes dont on se proposait de rendre compte, d'autre part du fait de l'évolution des préoccupations et des disponibilités scientifiques des auteurs pressentis. Faute de pouvoir réaliser la synthèse initialement prévue, il fut décidé, afin de tenir compte des évolutions rapides dans ces domaines et des développements des recherches, que chacun des auteurs encore en lice actualiserait sa réflexion dans son domaine de compétence propre.

Celle-ci fut complétée, à propos des acteurs du projet et de l'aménagement urbain, par une réflexion de synthèse sur certains des acquis généraux du Club ville et aménagement. Ces derniers, particulièrement centrés sur l'explicitation des critères d'intervention des professionnels de l'aménagement urbain, venaient enrichir les analyses menées sur l'évolution des maîtrises d'ouvrages de bâtiment ainsi que sur les transformations des compétences et professionnalités des experts et maîtres d'œuvre engagés au sein des différentes échelles des projets urbains.

Cette synthèse collective correspond donc à la mise en convergence de travaux initiés dans des contextes différents. En premier lieu ceux effectués dans le cadre du Plan urbanisme construction architecture s'intéressaient à l'évolution des acteurs de la maîtrise d'œuvre et de la maîtrise d'ouvrage en Europe. Ceux-ci s'inspiraient également d'un programme de recherche portant sur l'analyse de la formulation de la commande par les maîtres d'ouvrage. D'autres réflexions menées au PUCA (Club ville-aménagement, pratiques de projet et ingénieries) touchaient aux dynamiques d'acteurs engagés dans les opérations d'aménagement et de projets urbains. Ces acquis furent mis en résonance avec certaines recherches du département économie et sciences humaines du CSTB portant sur l'étude de configurations européennes d'acteurs analysées à travers, d'une part, le prisme des nouvelles relations de partenariats se nouant entre acteurs publics et privés ainsi que, d'autre part, une exploration sociologique des significations des « maquettes virtuelles » dans le cadre notamment du pilotage des projets urbains et architecturaux.

Cet ouvrage propose donc différentes lectures de phénomènes en développement dans les domaines de l'urbanisme de l'aménagement et de la construction. Ceux-ci se traduisent par la multiplication d'expertises et de missions qui deviennent plus difficiles à cerner et qualifier. Il confronte et croise les savoirs sur la façon dont se caractérisent et se nouent certaines de ces évolutions. Ensemble de réflexions sur les évolutions de la commande, il essaie de mieux qualifier et analyser les processus de l'amont, de la programmation notamment, qui trouvent une pondération accrue à partir d'une recherche d'anticipation des effets des projets sur l'aval, en direction des utilisateurs des aménagements ou des ouvrages.

Deux parties scandent ce document. La première de nature plus structurelle touche aux évolutions de la commande et aux transformations de partenariats de maîtrise d'ouvrage ou entre maîtrises d'ouvrage et maîtrises d'œuvre. Elle concerne la façon dont les relations se nouent entre les acteurs de l'aménagement et de la production des villes, ainsi qu'avec les experts auxquels ils ont recours aux différents moments du processus d'élaboration de la commande.

Dans un premier chapitre, Alain Bourdin, à partir de l'exemple des friches portuaires, développe une réflexion générale et, dans une certaine mesure prescriptive, sur la fonction stratégique du projet urbain dans un contexte de concurrence entre agglomérations. Pour penser cette dynamique de développement, il introduit le concept de ville-acteur comme capacité stratégique d'organisation et de mobilisation de moyens. Il s'agit en quelque sorte d'une réflexion sur les conditions socio-organisationnelles amont de l'élaboration de stratégies de développement dont l'expression privilégiée est l'urbanisme de projet ou le projet urbain. Ce type d'analyse débouche sur une proposition de définition du dispositif de maîtrise d'ouvrage urbaine comme « *coalition de projets regroupant institutions, investisseurs, groupes de citoyens... dotés de moyens techniques et juridiques permettant d'assurer leurs responsabilités* ». Ce chapitre introduit en définitive à une réflexion sociologique sur certains déterminants de la commande dans les domaines de l'urbanisme et de l'aménagement urbain dans un contexte de compétition des villes les unes par rapport aux autres.

Dans le second chapitre, François Lautier interroge la consistance de la notion de maîtrise d'ouvrage de bâtiment. Il propose une déconstruction progressive de celle-ci à partir de quelques cas significatifs. L'auteur souligne deux déplacements symptomatiques marquant l'évolution des maîtrises d'ouvrage : celui de la démultiplication des processus de professionnalisation des différents intervenants en position d'assistance auprès des maîtres d'ouvrage, celui de la définition du produit par l'anticipation des effets sur l'aval (usage) plutôt que par un recours systématique à une conception amont. Cela le conduit à privilégier, du côté de la dynamique d'élaboration de l'ouvrage, une logique de processus plutôt que de produit. En conclusion, tout en reconnaissant le fondement de la distinction analytique maîtrise d'ouvrage maîtrise d'œuvre, notamment d'un point de vue juridique, l'auteur souligne que dans la réalité ces deux finalités et modes d'agir s'enchevêtrent en interactions successives en termes temporels et professionnels et que les distinctions entre l'une et l'autre fonction sont de plus en plus difficiles à réaliser.

Au terme de cette première partie, Guy Tapie décline cette complexification des modalités de la commande à partir des transformations des positions des architectes et des ingénieurs ainsi que de l'évolution des fonctions de maîtrise d'œuvre et des activités d'assistance à la maîtrise d'ouvrage. Dans le domaine de l'urbanisme et de la genèse du projet urbain comme processus de décision, il est conduit à distinguer différentes « figures de compétences ». Le développement de ces dernières semble particulièrement emblématique du déclin des professionnalités traditionnelles, hier relativement stables. Tous les corps de métiers sont concernés par ces hybridations : les ingénieurs et les économistes se déplacent vers le conseil, l'entretien et l'aménagement. Ces évolutions répondent à l'incertitude des situations de travail et à l'ajustement de la part des professionnels à des contextes incertains et contraignants. Des dynamiques de coopération se mettent en place entérinant cet éclatement et cette diversification des compétences. L'interprofessionnalité en résultant se noue aux multiples niveaux de la fabrication des projets, par coopération et partage des tâches et mise en convergence de cultures professionnelles divergentes.

La seconde partie « Transformations de la commande et des expertises urbaines » poursuit en les illustrant les analyses des transformations de la commande et des modes de conduite des projets d'aménagement. Trois coups de projecteurs sont proposés. Le premier consiste en une description de cas de partenariat public-privé affectant radicalement les conditions de formulation de la commande. Les deux autres présentent deux approches des évolutions de la commande urbaine à partir de l'utilisation des nouvelles technologies de l'information appliquées à la simulation des ambiances urbaines ; sur un même domaine, deux analyses qui ne développent pas tout à fait le même message et qui sollicitent encore un surcroît de réflexion.

Frédéric Bougrain, Jean Carassus, Marc Colombard-Prout tentent d'illustrer certaines des évolutions constatées concernant la commande et les transformations des processus de maîtrise d'ouvrage. Ils rendent compte d'une enquête européenne analysant différents cas de développements de partenariats publics-privés (PPP) en Europe. Constatant une tendance à la diminution des crédits publics d'investissement, du fait de la croissance des déficits budgétaires, les auteurs observent la mise en œuvre de nouvelles modalités de financement de la production des édifices permettant de mobiliser des capitaux privés. En conclusion de leurs analyses, ils soulignent l'importance pour la réussite du PPP, de la qualité de la formulation de la commande initiale auprès des acteurs privés (à travers le cahier des charges, la définition des indicateurs de gestion/maintenance et de leur contrôle). Cela entraîne pour le commanditaire une très forte exigence d'amélioration de ses capacités d'expertise pour que le partenariat escompté porte ses fruits et débouche sur un partage des risques qui soit équilibré entre les différentes parties. Les auteurs soulignent notamment que le PPP amène à une vision du produit bâtiment qui met l'accent sur les dimensions de gestion et de maintenance durant sa durée de vie, donc sur la signification de l'édifice du point de vue de l'utilisation qui en est faite. Si on se place maintenant sous l'angle de la montée en puissance de ce phénomène qui fait actuellement couler beaucoup d'encre, ils font remarquer qu'en Grande-Bretagne, nation où cette évolution est la plus accentuée, le PPP ne représente que de 11 à 14 % de l'investissement public. Les potentialités de développement en sont donc forcément minoritaires, notamment en France du fait de la culture « service » encore peu marquée de nos jours pour la conception et la production des bâtiments. Cependant, ce caractère minoritaire ne doit pas faire oublier que les auteurs mettent le doigt sur une tendance d'évolution du secteur susceptible de se développer à l'instar des remarques de François Lautier mettant l'accent sur la prégnance de plus en plus forte des logiques d'utilités comme critères d'évaluation technico-économique des édifices.

Dans le cinquième chapitre, Jean-Jacques Terrin analyse les transformations de la commande à partir des fonctions « latentes » de l'expertise technique. À propos des phénomènes de simulation des ambiances dans le cadre de la conduite de projet, il soutient que les expertises qui traditionnellement se développaient en aval de la conception en vue de répondre à des tâches d'évaluation, se mobilisent de plus en plus fréquemment aux phases amont de la programmation et de la faisabilité. Analysant des expériences de modélisation numérique de projets architecturaux et urbains, il montre que la simulation d'un projet permet une remontée en amont des données techniques ou physiques. Lors de l'exploration d'un scénario, les techniques de simulation rendent possibles les comparaisons entre deux propositions, facilitent le débat, permettent la validation et la description de la solution retenue. Ces expertises peuvent assumer deux fonctions dans la conduite d'un projet : elles permettent d'une part de restituer et de communiquer au maître d'ouvrage et au futur usager certains effets sensibles du projet et, d'autre part, de simuler, de mesurer dès la phase amont de la conception du projet des phénomènes physiques d'ambiance qui habituellement sont étudiés plus en aval, donc d'améliorer le processus de décision à des stades relativement précoces du projet. Les différentes situations qu'il analyse lui permettent de souligner deux résultats complémentaires. En premier lieu que les expertises techniques ont une fonction de facilitation de la médiation, d'aide à la négociation, puis à la décision. Celles-ci incitent au dialogue entre décideurs et concepteurs et également entre acteurs du projet et usagers. En deuxième lieu, pour répondre à ces sollicitations, l'expert doit sortir du champ de sa compétence technique et identifier les terrains de dialogue entre élus et citoyens, entre maître d'ouvrage et maître d'œuvre qui alimentent ces simulations.

Enfin, en écho aux analyses de Jean-Jacques Terrin, dans un registre semble-t-il plutôt existentiel, phénoménologique, Philippe Dard qualifie deux registres d'intention au sein des maquettes virtuelles : celui de la concertation et de l'aide à la décision, soutenues par la simulation en temps réel et l'interactivité et celui de la communication promotionnelle et du marketing public par l'immersion en référence aux jeux vidéos. Les maquettes virtuelles privilégient le recours à la notion d'ambiance au sein de laquelle le sujet est mis en situation d'immersion dans un milieu où la sensorialité dominerait la réflexivité et évacuerait la référence au social et au politique. Pour l'auteur, le développement actuel des maquettes virtuelles contribue à confondre concertation et communication dans la conduite de projet ; il lui semble cependant que les maquettes virtuelles sont encore trop coupées des pratiques professionnelles de ceux qui produisent l'architecture et la ville pour qu'elles puissent soutenir des dynamiques de concertation effectives, donc de prise en compte, dans une dynamique participative, de la demande sociale et/ou citoyenne des habitants de la cité.

L'insistance sur la question de la commande dans l'initiation et la conduite des projets d'aménagement pourrait paraître excessive car le cadre bâti et l'aménagement urbain ne se réduisent pas à des processus impliquant ordres ou obligations. Et pourtant, l'omniprésence du terme, sa prégnance nous rappellent que par-delà la réalité des processus, s'impose l'ordre du juridique et du contrat qui encadre et formalise *in fine*, les relations de service, de partenariat et de coopération entre les acteurs. L'étude des processus de l'urbanisme négocié ne serait-elle pas là pour accoucher d'une ingénierie du contrat, de la commande contractuelle ? La question de la commande ne renverrait-elle pas à ce qui fonde pour partie les processus de maîtrise d'ouvrage entendus dans leur logique juridique, ainsi que dans leur dynamique de *process* comme nous le suggèrent les analyses de François Lautier ?

* * *

À la fin du processus de conception et d'écriture de cet ouvrage une journée de synthèse [1] et de confrontation des analyses produites fut organisée afin de préparer ou faire apparaître les complémentarités et les mises en cohérence des analyses proposées par les différents auteurs avant de mettre la dernière main aux écritures finales.

Ces différentes synthèses convergent sur des préoccupations communes visant l'amélioration de la conduite des projets d'aménagement mais ne sont pas toujours explicites sur les référentiels qui fondent les analyses. Il a donc semblé nécessaire de mieux clarifier les contextes des évolutions de la ville et des processus socio-économiques et politiques des projets d'aménagement et de construction. C'est dans cette optique qu'a été demandé à Thérèse Evette, de l'école d'Architecture de Paris-La-Villette, de mettre en perspective l'ensemble des contributions de cet ouvrage et d'élaborer une synthèse qui articule l'ensemble de ces articles d'un double point de vue : celui des transformations de la ville et celui de l'évolution des pratiques de l'aménagement en les éclairant de certains développements de la réflexion de la communauté scientifique française. Ce travail de contextualisation répond à un double souci, pédagogique et prospectif, d'explicitation des convergences mais aussi des différences entre les articles de chacun des auteurs. Il contribue en même temps à un effort de clarification de certaines tendances d'évolution des pratiques d'aménagement et de pilotage des projets urbains. Thérèse Evette complète mes réflexions de nature plutôt sectorielle et administrative sur les transformations de la commande par une mise en contexte de nature scientifique qui incite à mettre d'avantage l'accent sur les évolutions des arrière-plans urbains, sociotechniques et sociopolitiques qui conditionnent la conduite des projets d'aménagement.

---

[1] Celle-ci eut lieu au CSTB, le 5 décembre 2003 et fut animée par Jean Frébault, ingénieur général des Ponts et Chaussées, président de la cinquième section du conseil général des Ponts et Chaussées et Olivier Piron, inspecteur général de l'Équipement, secrétaire permanent du Plan urbanisme construction architecture de mars 1994 à mars 2004.

Quelques perspectives sur la conduite des projets d'aménagement

Thérèse Evette [1]

Interroger la conduite des projets qui façonnent la ville, c'est questionner un ensemble d'actions relevant de finalités, d'organisations et de pratiques multiples. C'est tenter de comprendre les processus complexes de décision et de conception d'aménagements et de construction. Cette publication focalise l'attention sur les questions de pilotage et de coordination des acteurs dans l'élaboration des projets. Les auteurs s'intéressent, chacun dans une optique singulière, aux stratégies d'organisation adoptées par les acteurs publics et privés pour répondre à l'évolution des contextes d'action, réaliser leurs objectifs respectifs et collaborer avec les autres « parties prenantes » à des opérations d'aménagement et de construction.

Pour introduire cette matière riche et variée, l'éditeur a souhaité que soit rappelé le contexte dans lequel elle se situe et soulignées quelques-unes de ses thématiques communes. Nous voudrions donc ici évoquer les contextes dans lesquels se déploient les stratégies analysées par les auteurs, signaler quelques référentiels d'action collective sollicités dans la fabrication de la ville et, enfin, indiquer quelques points forts complémentaires des contributions ici rassemblées.

La fragmentation des contextes d'action et des processus de décision

À l'image de la société, la ville paraît aujourd'hui formée d'une série d'entités hétérogènes et irréductibles les unes aux autres. De même, les forces qui participent à sa transformation sont foisonnantes et contradictoires. Cette complexité fait naître de nouvelles incertitudes ou plutôt une nouvelle conscience de celles-ci. On sait que l'action humaine produit ses propres incertitudes, que le résultat ne suit pas nécessairement l'intention et que l'action est influencée par son contexte. Plutôt qu'au programme décliné en séquences planifiées, l'heure est à la stratégie, qui tend à intégrer l'imprévu dans la conduite de l'action. Un thème récurrent des réflexions sur l'évolution de la ville est celui de la multiplication des acteurs qui participent à sa fabrication. Il ne s'agit pas d'abord de souligner que la ville est le résultat d'innombrables micro-actions se combinant de façon largement aléatoire. On s'intéresse plutôt aux fragmentations affectant l'action publique et privée, les territoires et les sociétés locales. On relève les mouvements

---

[1] Sociologue, directrice scientifique du LET, École d'architecture de Paris-La-Villette.

complémentaires de segmentation et de globalisation des entreprises et des marchés. On observe enfin une modification des rapports entre l'État, le marché et les populations qui n'est pas le propre de la fabrication de la ville mais qui en modifie profondément les conditions.

Une action publique multipolaire

Concernant l'action publique, on souligne la transformation des modes d'intervention de l'État, son retrait de la gestion directe des services publics au profit du secteur privé, ainsi que la dispersion de l'action publique en de multiples niveaux d'intervention et de régulation, recouvrant diverses échelles territoriales : Europe, État, région, département, agglomération, commune, etc. L'action publique est ainsi fragmentée en de multiples secteurs, institutions et territoires d'intervention et son élaboration apparaît de plus en plus distribuée au sein d'un ensemble d'acteurs tant publics que privés. Les règles universelles et durables, dont l'application ou la dérogation se négociaient dans les discrets colloques entre les préfectures et les notabilités locales, s'effaceraient au profit de la négociation explicite de l'action publique formalisée dans les contrats passés entre acteurs multiples pour une durée et un objet limités (Gaudin, 1999). C'est ainsi l'idée de projet qui inspire l'action publique.

Cette évolution des modes d'action de l'État, appuyée en France sur le mouvement de décentralisation, ouvre un espace nouveau au déploiement du pouvoir local (Le Galès, 2003). La formule de Dominique Lorrain (1991) « *de l'administration républicaine au gouvernement urbain* » exprime l'émergence d'un nouveau « *modèle urbain, contractuel et décentralisé* ». Les villes acquièrent une autonomie telle qu'elles deviendraient, en sus de l'État et du département, un pilier essentiel de l'action publique, un lieu du politique doté d'une légitimité renforcée (Jouve, 2004), susceptible de construire un « intérêt général local ». On note ainsi une nouvelle distribution des pouvoirs de décision et d'intervention sur le territoire. Diverses polarités coexistent, marquées par des recouvrements de compétences, des incohérences et des conflits qui suscitent parfois l'idée d'une ingouvernabilité des territoires.

Compétition territoriale et réorganisation des entreprises

Sur le plan économique, des modifications interviennent également dans le jeu des acteurs et dans le rapport des entreprises aux territoires. L'internationalisation de l'économie et la vivacité de la compétition accroissent l'incertitude des marchés. La flexibilité, la mobilité et la réactivité sont les mots d'ordre de l'action des entreprises dans ce contexte. Celles-ci font évoluer leurs organisations bureaucratiques vers des dispositifs plus souples et réticulaires ou « cellulaires », développant la sous-traitance, l'externalisation de certaines fonctions et la flexibilité des emplois. De nouvelles formes de direction apparaissent pour piloter ces organisations complexes, coordonner ses composantes et réguler son management. La *corporate governance* introduit, par exemple dans le gouvernement d'entreprises, des acteurs dont le rôle s'est accru, les actionnaires, mais elle peut être envisagée de façon plus large pour prendre en compte les « parties prenantes » de la vie de l'entreprise : les salariés et leurs représentants, les clients, les fournisseurs ou encore les créanciers.

Les territoires sont affectés par la compétition internationale et la mobilité des entreprises qui accroissent la fragilité du tissu économique local. Il se crée une concurrence de plus en plus vive entre les villes pour l'implantation des entreprises ou le maintien de l'emploi. Les municipalités s'engagent avec plus ou moins de succès dans des politiques de développement qui excèdent les fonctions traditionnelles de représentation politique, de régulation sociale et de fourniture de services publics locaux. Alain Bourdin (2000) indique comment la globalisation économique réveille le local et s'en nourrit, la mobilité des entreprises étant avivée par les avantages différentiels des territoires. Les politiques de développement des villes ont alors pour visée de créer les différences qui les rendront attractives économiquement et socialement pour les investisseurs et la population active aisée ou « créative ».

Une société urbaine divisée

Cette compétition économique et territoriale accentue ou met en lumière de nouvelles fragmentations menaçant le « lien social » et « l'unité de la ville ». La ville ne serait plus seulement divisée mais éclatée en raison des divers processus de fragmentation économique, sociale et spatiale concernant l'emploi, la résidence ou l'accès aux ressources urbaines – équipements et services collectifs. De plus, l'autonomie croissante des individus génère une individualisation des pratiques de l'espace et du temps. Quels qu'en soient les avantages et les inconvénients au niveau individuel ou collectif, la mobilité et la flexibilité des parcours et des emplois du temps participent à l'évolution des pratiques urbaines. « *La ville en termes de morphologie sociale, n'est sans doute pas radicalement plus divisée aujourd'hui, mais les identités sociales liées à ses divisions se sont fragmentées.* [...] [*Les*] *grandes identités de référence se sont estompées, la conflictualité s'est émiettée en luttes multiples rassemblant de façon transitoire des catégories aux contours incertains. Les liens sociaux, les solidarités locales sont plus difficiles à saisir parce qu'ils tracent des réseaux sociaux moins repérés, moins institutionnalisés* » [1] (May *et alii*, 1998, p. 43). Face à cette situation, l'action publique fragmentée peine à opérer l'intégration sociale souhaitée.

L'individualisation des modes de vie trouve un écho dans le développement d'une économie de la variété qui tend à capter la diversité des goûts des consommateurs. Elle soutient également une économie des services qui intègre dans le marché des activités jusqu'alors domestiques ou assurées au sein des organisations ou des institutions. Le développement des services associés aux produits renforce l'attention portée au point de vue des consommateurs. Des demandes plus

---

[1] Edmond Préteceille, à qui l'on doit ces propos, souligne que l'éclatement économique et social de la ville et celui des intervenants des politiques urbaines s'accompagnent d'un éclatement des représentations et des points de vue des chercheurs (Preteceille, 1998). Pour une vision synthétique de l'état d'esprit dans les milieux de l'aménagement voir les textes de François Ascher et Alain Bourdin dans le même ouvrage et dans la publication du Club ville-aménagement : Masboungi A. (coord.), 2001, *Fabriquer la ville. Outils et méthodes : les aménageurs proposent*, Paris, Club ville-aménagement, La Documentation française.

variées et plus pressantes s'expriment aussi bien en termes de services publics que de préférence de consommation, incitant les entreprises et institutions publiques à prendre en compte plus précisément les attentes de leurs destinataires, usagers des services publics ou clients du marché. Par ailleurs, à l'échelle urbaine, l'intervention croissante des associations ou riverains pour tenter de contrôler les aménagements projetés conduit également à considérer leur point de vue dans la conduite des opérations pour en favoriser la réussite ou l'« acceptabilité ».

En résumé, on assiste à une différenciation accrue des populations et à leur intervention revendiquée sur les projets urbains. Ceci participe de l'accroissement des acteurs de la fabrication de la ville et accroît les risques courus par les projets architecturaux et urbains. Mais ceci impulse, dans le même temps, la recherche de voies nouvelles pour gérer la complexité et réduire l'incertitude de l'action. Sur le plan législatif, la loi sur le renouvellement urbain a institué une démarche d'élaboration concertée des projets urbains et la consultation de toutes les parties prenantes.

Des partenariats renforcés

Sur le plan de l'action, l'évolution des modes d'élaboration des projets doit être analysée en tenant compte du rapprochement des secteurs public et privé et de leur intrication renforcée dans la production des aménagements et des services urbains. Les opérateurs privés qui investissent dans le bâtiment ou les aménagements sont de plus en plus dépendants de cadres d'action définis par les autorités publiques. Du côté public, le fort endettement de l'État ou des collectivités territoriales ainsi qu'une nouvelle vision du rôle du secteur public ont conduit à déléguer, en particulier, la gestion des réseaux techniques locaux à des groupes privés. Ceux-ci sont des acteurs importants de l'aménagement urbain et leur rôle s'élargit aujourd'hui, notamment au travers de différentes formules de partenariat public-privé (PPP), qui recouvrent tout ou partie de la chaîne allant du financement à la gestion des équipements. Le rapprochement des secteurs public et privé s'opère aussi par l'adoption de critères nouveaux de gestion des dépenses publiques.

Enfin, le concept de gouvernance, issu du milieu de l'entreprise et des institutions économiques internationales, est souvent avancé comme clé de l'action publique dans la sphère du développement et de l'urbain. Si on ajoute que les maires de villes importantes ont professionnalisé la gestion municipale et parfois affirmé gérer leur ville comme des entrepreneurs, on a là une indication des nouvelles modalités d'interdépendance entre secteur public et privé, mais aussi de l'influence exercée par les référentiels d'action issus des milieux économiques sur l'action publique. Ceci se ressent dans les visions et les pratiques d'élaboration des projets.

Ces référentiels peuvent être appréhendés comme des ensembles de pratiques – voire de « bonnes pratiques » – recommandées dans l'élaboration des politiques publiques ou privées ou la gestion de projet ou comme des ensembles doctrinaux ; leur inspiration libérale est alors dénoncée par certains. Mais ils se déploient au-delà de leurs contextes d'origine : les acteurs de l'aménagement urbain s'en emparent de façon pragmatique pour les adapter à des matières ou des finalités nouvelles. De leur côté, les chercheurs tendent à les dégager de leur caractère prescriptif pour en faire des outils d'analyse de la complexité des jeux d'acteurs.

La redéfinition des référentiels d'action collective

Deux notions sont ainsi très largement mobilisées par les acteurs de l'aménagement ou de l'édification et forment des référentiels : la gouvernance et l'ingénierie concourante. La gouvernance recouvre « *un mode de gouvernement organisé sur la base d'une coopération, d'un partenariat ou d'un contrat, entre une pluralité d'acteurs aussi bien publics que privés* »[1]. L'ingénierie concourante désigne un processus de mobilisation des ressources pour la conception des projets qui veut associer l'ensemble des acteurs situés *a priori* en amont ou en aval de ce processus[2]. Il s'est développé dans le management de projets industriels et trouve aujourd'hui un écho chez les acteurs professionnels en charge de la conduite de projets de construction et d'aménagement. Ces deux approches supposent le caractère collectif de l'action et l'interdépendance des acteurs concernés par la politique ou le projet envisagé. Ils proposent de s'écarter des schémas hiérarchisés et séquentiels qui marquaient la décision et la planification « bureaucratiques ». Enfin, la notion de réseau d'acteurs y est centrale et pose la question de la coordination et du pilotage de l'action.

Gouvernance, réseaux ou grappes organisationnelles

Francis Godard (1997) résume cette approche nouvelle de l'action publique à l'échelle urbaine : « *Le gouvernement des villes est mis à l'épreuve de régulations de plus en plus complexes et diversifiées, dans une situation globale où l'action publique doit composer avec un environnement incertain et fluctuant. [...] Les modèles de la politique urbaine traditionnelle sont dépassés et font place à des démarches de gestion stratégique qui visent à la gestion de l'imprévisible. [...] Partant, le gouvernement ne peut plus être conçu sur le simple modèle de l'organisation hiérarchique de différents niveaux de pouvoir, mais comme un processus complexe de coordination et d'ajustement mutuel entre acteurs. L'apparition et l'usage en France du concept anglo-saxon de "gouvernance urbaine" révèlent ces importantes transformations dans les systèmes de pilotage politique et de gestion des villes* ».

L'analyse des réseaux de politiques publiques, nourrie par la sociologie des organisations, met en lumière les relations horizontales entre les acteurs et relève les règles de leurs échanges. Elle souligne également la relative autonomie des secteurs de l'action publique et des réseaux à l'égard de l'État, mais aussi les processus de coordination multiples entre acteurs politiques, économiques et sociaux[3]. Privilégiant également les questions de coordination de l'action, la notion de gou-

---

[1] Nous reprenons ici une définition générale élaborée par la revue *Sciences Humaines*, pour englober les différentes acceptions et usages du terme dans les sphères politiques, économiques et sociales, Hors série n° 44, mars-avril, mai 2004.
[2] *Cf.* Midler, 1993.
[3] On peut voir sur ce point : Le Galès P., Thatcher M., (dir.), *Les réseaux de politique publique. Débat autour des policy networks*, Paris, L'Harmattan, 1995. Et pour une présentation synthétique des analyses des politiques publiques : Muller P. *Les politiques publiques*, Paris, PUF, 1990.

vernance urbaine a suscité le débat sur de nombreux points [1]. Signalons ici deux d'entre eux. L'un est l'exagération de la complexité des acteurs et réseaux à l'œuvre dans les politiques urbaines. Le second est la prééminence d'une vision gestionnaire plutôt que politique de l'activité des acteurs publics et privés.

Dominique Lorrain (1998, p. 90), tout en partageant le constat d'une transformation des structures verticales et centralisées vers des formes décentralisées et cellulaires, estime que *« ce serait naïveté que de prendre la description des périphéries en réseau pour la totalité du phénomène ; les grandes organisations sont vigoureuses ; elles pèsent dans l'explication des résultats de l'action publique »*. Plutôt que de penser l'action publique en termes de multiplicité infinie de parties prenantes des politiques urbaines, il préfère la notion de grappes organisationnelles qui permet d'identifier les pôles structurant l'administration, le gouvernement et la régulation des territoires.

Quelle que soit l'importance qu'on accorde aux réseaux complexes de l'action publique, leur pilotage ne peut se limiter à résoudre des problèmes de coordination. Patrick Le Galès (2003, p. 34) souligne le rôle et les ressources spécifiques des instances publiques : *« La gouvernance n'a pas remplacé le gouvernement. L'articulation entre les réseaux n'est pas seulement une question de coordination au moindre coût. Cela soulève des questions de choix collectifs, de valeurs, de débat contradictoire, d'affrontement entre des intérêts divers, d'intérêt général (même situé), de légitimité, bref de politique »*. Qui plus est, dans un contexte de forte incertitude, estime Alain Bourdin, il ne s'agit pas seulement pour les instances politiques de réguler la vie économique et sociale, mais d'innover pour améliorer l'attractivité des villes dans la compétition internationale C'est alors le modèle du management stratégique, issu du monde de la gestion des entreprises, qui est privilégié pour initier un projet d'ordre politique (voir la contribution d'A. Bourdin dans cet ouvrage [2]).

Du plan au projet, l'ingénierie concourante

La prise en compte d'acteurs diversifiés et de leurs réseaux dans la fabrication de la ville n'oriente donc pas seulement la réflexion sur la coordination mais sur la direction des opérations d'aménagement. En matière d'urbanisme, c'est la question du projet qui cristallise la réflexion sur l'évolution de systèmes d'action de type hiérarchique vers des organisations décentralisées. Faisant écho aux analyses sur l'essor des projets urbains depuis les années 1970, Jean-Pierre Boutinet (2003) considère le projet *« comme un antidote de l'espace bureaucratique »* susceptible de remettre en cause les principes planificateurs et fonctionnalistes de

---

[1] Yankel Fijalkov fait une présentation critique concise de la notion de gouvernance dans *Sociologie de la ville*, La Découverte, collection « Repères », 2004, pp. 77-83. Sur l'éventail des positions et des pratiques, *cf.* le numéro des *Annales de la recherche urbaine,* « Gouvernances », 80-81, 1998.

[2] Et aussi Alain Bourdin, « Le gouvernement des villes institue autant qu'il coordonne ou les limites des théories de la gouvernance », *in May et alii.*, 1998, pp. 314-330.

l'urbanisme ¹. Pour lui, la figure de la répétition devient caduque face aux aléas des sociétés contemporaines, l'anticipation s'impose et s'incarne dans le projet.

Même si l'on tend à schématiser les caractères de l'urbanisme et de l'administration étatique d'après guerre pour accentuer les métamorphoses contemporaines, les analyses convergent pour qualifier l'évolution des pratiques : on est passé de l'urbanisme réglementaire au projet urbain, de la planification linéaire à un processus flexible, du plan au projet. Ceci renverrait à un changement d'ordre politique : un urbanisme d'équipement du territoire céderait le pas à un urbanisme de développement ou d'intégration sociale à l'échelon local – ces deux aspects apparaissant souvent conflictuels.

Les aspects politiques et stratégiques de l'élaboration des projets renvoient au modèle de la gouvernance, parfois associé au management stratégique. Concernant les aspects directement opérationnels de la conduite et de la conception des projets, d'autres modèles sont mobilisés. Si le projet architectural constitue une référence de la conception de nouvelles formes urbaines, c'est le modèle industriel de l'ingénierie concourante qui est convoqué pour appréhender la conduite de projets urbains et architecturaux. À partir des travaux des sciences de gestion sur le management des projets en entreprise ², Nadia Arab (2001) propose une transposition de ce modèle dans le domaine de l'aménagement. S'intéressant à la dimension productive des opérations urbaines à côté de ses dimensions stratégiques et politiques, elle considère que « *conduire une opération d'aménagement urbain consiste aussi à mobiliser des ressources, gérer des contraintes, assembler des compétences, tenir des budgets, des délais, combiner des critères de performances, répondre à des attentes, maîtriser des risques* ».

L'ingénierie concourante se propose, dans un contexte d'incertitude, de promouvoir l'innovation conjointe des processus de travail et des produits (Midler, 1993). Elle abandonne la démarche planificatrice séquentielle au profit d'une démarche de coproduction ou de coconception, qui organise la mobilisation des intervenants sur les objectifs du projet ³. L'optimisation de la conception est recherchée en faisant remonter en amont l'ensemble des points de vue impliqués par le projet et tout particulièrement celui d'acteurs situés traditionnellement en aval : les réalisateurs du projet. Elle tend ainsi à surmonter la coupure entre conception et exécution. Dans cette logique, les caractéristiques du produit sont considérées comme indissociables de son processus de conception et concevoir des aménagements innovants impliquerait d'innover dans leur processus de conception ⁴.

---

1 *Cf.* notamment Viviane Claude dans Hayot A., Sauvage P., 2000, *Le projet urbain. Enjeux, expérimentations et professions*, Paris, éditions de La Villette.

2 Notamment ceux de Christophe Midler : « Modèles gestionnaires et régulations économiques de la conception », *in* de Terssac G. Friedberg E. (dir.), *Coopération et conception*, Toulouse Octares éditions, pp. 63-85, et *L'auto qui n'existait pas*, 1993.

3 Les objectifs d'innovation sont essentiellement appréhendés en termes de coûts, de délais et de qualités.

4 Le programme de recherche du PUCA « Pratiques de projet et ingénieries » a notamment développé cette problématique de la coproduction et de la coconception des projets architecturaux et urbains : Prost, 2003, *Projets architecturaux et urbains. Mutation des savoirs dans la phase amont*, Paris, PUCA et Terrin J.-J., 2005, *Maîtres d'ouvrage, maîtres d'œuvre et entreprises*, Paris, éditions Eyrolles.

François Ascher (2001), identifie la problématique de la coproduction dans les contrats de partenariats public-privé qui, selon lui, offrent un outil d'un management stratégique urbain consistant à « *construire des stratégies acceptables, réalisables et révisables* » et fondant « *l'urbanisme et l'aménagement réflexifs et concourants* » [1]. Il associe cette vision du management urbain à la gouvernance : « *Par "gouvernance urbaine", il faut entendre un système de gouvernement local qui articule et associe des institutions politiques, des acteurs sociaux et des organisations privées dans des processus d'élaboration des choix collectifs capables de susciter une adhésion active des citadins et donc de rendre plus efficace l'action publique* ».

De l'adhésion active à la coconception, il y a plus qu'un pas. C'est alors la question du cercle des personnes conviées à participer au processus qui se pose. C'est aussi celle du rôle qu'elles peuvent y tenir [2]. Selon le « régime urbain » à l'œuvre, on ne sollicite pas les mêmes partenaires ou « parties prenantes » (Novarina, 1998). Dans un « régime de développement », les décideurs publics discutent avec les investisseurs et la participation des habitants est restreinte ; dans un « régime symbolique », on attend des habitants et de leurs associations qu'ils mobilisent leurs ressources propres afin d'attirer des investisseurs réticents. Il n'en reste pas moins que pour faciliter l'acceptabilité des projets ou pour réellement mobiliser davantage de forces et de compétences, les cercles d'acteurs impliqués dans le projet s'élargissent. Le caractère innovant des projets, leur capacité à répondre à des exigences nouvelles, en particulier à une demande sociale largement partagée, apparaissent ainsi liés à cette évolution du processus de conception comme à la mobilisation des destinataires des aménagements.

C'est l'idée défendue notamment par Jean-Marc Offner (2000) pour qui « *promouvoir l'innovation, c'est élargir le recrutement des acteurs de la scène locale, ouvrir les réseaux de l'action publique, pour donner toute leur chance à des problèmes peu formalisés de trouver place sur l'agenda et pour favoriser l'émergence de réponses* ad hoc ». Dans la même perspective, une vision plus vaste encore, inspirée de la coconception dans les projets industriels, s'est cristallisée autour de la notion de « l'intelligence collective » qui pourrait se développer dans le cadre des processus participatifs d'exploration et de conception des projets (Goux-Baudiment *et alii*, 2001) [3].

---

[1] Les aménageurs sont considérés ici comme les fers de lance de ce management stratégique. Les municipalités, de leur côté doivent se doter « *des moyens politiques, financiers, scientifiques et professionnels indispensables* ».

[2] Les ressources dont disposent les différents acteurs sont en effet inégales, de même que leur pouvoir d'orienter le processus.

[3] À l'échelle urbaine, la notion de ville-acteur se distingue de celle d'acteur-projet dans l'ingénierie concourante qui désigne l'équipe entourant le directeur et dont les responsabilités se limitent au périmètre et au temps du projet. Il s'agit en effet là de développement de produits destinés à se renouveler le plus rapidement pour suivre ou modeler la demande des marchés et non de projets de développement territorial qui ont une visée temporelle à long terme, même s'ils se réalisent au travers de multiples projets d'équipement ou d'édifice.

Les enjeux stratégiques redessinent les processus

Les programmes de recherche du PUCA sur l'élaboration et la commande des projets architecturaux et urbains en Europe ont manifesté à la fois l'extrême diversité des contextes et des situations de projet, ainsi que la présence de tendances communes que nous signalions en introduction (Bonnet, 1997-2001). Il est également apparu qu'une lecture raisonnée de ce foisonnement d'expériences pouvait être faite en observant comment les nouveaux enjeux de l'action réorganisent les modes d'élaboration de la commande et la conduite de projet. Ce fil stratégique relie les contributions de cet ouvrage. Nous voudrions en évoquer ici quelques thèmes et arguments, en les rapprochant de travaux issus des programmes évoqués ou d'autres recherches avec lesquelles ils entrent en résonance.

La conduite de projet : un travail collectif

La notion de ville-acteur proposée dans cet ouvrage par Alain Bourdin met l'accent sur la nécessité d'un acteur collectif susceptible d'élaborer une stratégie de développement, dans une situation de concurrence accrue des villes à l'échelle européenne ou mondiale [1]. L'enjeu est de produire des valeurs économiques, symboliques et d'usage qui augmentent l'attractivité de la ville. Pour ce faire, on ne peut se satisfaire d'un acteur politique dont le rôle se limiterait à la régulation des forces économiques et sociales locales. Il faut élaborer une stratégie et piloter un collectif susceptible de la porter. Cette fonction stratégique est l'objet de la ville-acteur, qui n'est pas un donné organisationnel, mais un cadre d'action à construire, de caractère cohérent, flexible et réactif. Alain Bourdin propose les voies susceptibles de faire émerger cette ville-acteur en se référant à la fonction de recherche et développement des entreprises. Il donne l'exemple des grandes opérations de renouvellement urbain et plus particulièrement des friches portuaires, comme emblématique de la construction de cette fonction stratégique de la ville-acteur. Toutefois, selon lui, la dynamique de la ville-acteur risque d'occulter les difficultés de cohésion sociale de la ville et de laisser pour compte une partie de la population.

Dans une perspective proche, Patrick Le Galès avait défini les conditions de l'existence d'un acteur collectif : « *Un système de décision collective, des intérêts communs et perçus comme tels, des mécanismes d'intégration, une représentation interne et de l'extérieur de l'acteur collectif et une capacité d'innovation* » (Le Galès, 2003). L'intérêt de la notion de ville-acteur est de mettre l'accent sur la représentation collective de la ville et de dépasser la vision de la ville comme acteur unitaire, considéré du seul point de vue des responsables politiques. Elle prend en compte un plus grand nombre des acteurs, des groupes et des institutions qui la composent. Mais, souligne Le Galès, les conflits sont au cœur de la dynamique sociale et politique de la ville et le terme de ville-acteur ne doit pas

---

[1] *Cf.* aussi Bourdin, 1998, « Le gouvernement des villes institue autant qu'il coordonne ou les limites des théories de la gouvernance », article cité.

conduire à « *privilégier la rationalité instrumentale et une vision désocialisée, dépolitisée du monde en termes de consensus, de décision* ». Au-delà de la fonction stratégique, du pilotage et de la coordination, c'est la place du politique qui est ainsi rappelée comme celle de la responsabilité de la ville-acteur : « *Une partie des problèmes de définition d'un acteur collectif est d'ordre politique, de définition des intérêts communs, de choix collectifs, d'intégration de la société locale, de sélection et d'exclusion d'acteurs et de groupes* » (Preteceille, 1998, p. 39) [1].

Dunkerque offre un exemple peut-être rare de ville-acteur. Elle révèle le rôle de la longue durée dans la construction de ce type d'acteur collectif doté d'une capacité stratégique. Un groupe d'acteurs locaux y forme dès les années 1970 un gouvernement de ville qui va s'élargir en un ensemble complexe de dispositifs – comité de pilotage, *workshops*, ateliers urbains – qui seront « *les lieux de la coproduction territoriale* » (Ratouis, Segaud, 2001). S'y élabore un projet urbain qui fondera et soutiendra une politique de développement local. On note le caractère diffus de l'élaboration de projet, soumis aux instances de décision politiques, mais modelant en retour leur décision. De puissantes institutions sont inscrites dans un réseau associant des instances plus souples et moins pérennes. L'ensemble est engagé dans un processus collectif que les chercheurs analysent pour comprendre comment les interactions construisent du commun, dans une dynamique de coopération qui n'efface pas les conflits. Sont associées, dans ce processus d'élaboration de projet, des figures que le schéma séquentiel faisait intervenir successivement : décideurs, concepteurs, réalisateurs et destinataires. On s'intéresse alors, pour comprendre l'élaboration des projets, moins aux stratégies singulières des acteurs qu'à une fonction stratégique distribuée entre plusieurs acteurs, individualisés ou collectifs [2].

C'est ce déplacement du regard que les travaux récents ont opéré pour analyser les pratiques de maîtrise d'ouvrage dans les projets architecturaux et urbains. Si la définition juridique du maître d'ouvrage est précise, en revanche, elle ne dit rien du processus d'élaboration des projets qui met en jeu des configurations d'acteurs et des modalités de leur travail. Celles-ci varient en effet grandement selon les types d'opérations, leur échelle, leur complexité ou la nature des ouvrages envisagés. De plus, au sein même des organismes explicitement chargés de la maîtrise d'ouvrage, la démultiplication des acteurs et des rôles conduit à dépasser l'opposition pourtant structurante entre maîtrise d'ouvrage et maîtrise d'œuvre. Ce qui était relevé de la complexité de la maîtrise d'ouvrage à l'échelle urbaine, de ses recouvrements avec la maîtrise d'œuvre dans les processus de conception et

---

[1] « *Si l'élaboration d'un intérêt général d'une ville peut permettre de mettre en œuvre des stratégies collectives, cet intérêt vise aussi à réduire les conflits entre différents groupes sociaux et organisations, voire à imposer un projet hégémonique au sens d'Antonio Gramsci, visant à légitimer la domination de certains groupes sociaux élaborant une vision instrumentale d'unité afin de jouer la concurrence entre villes* » (Preteceille, 1999, p. 37).

[2] O. Ratouis et M. Segaud utilisent le terme de « *collectifs d'énonciation* » pour désigner ces instances diverses qui participent à l'élaboration du projet d'aménagement. Ils reprennent ainsi, en le spécifiant par rapport aux structures concrètes d'étude et de concertation, la notion avancée par J.-Y Toussaint, pour qui elle recouvre globalement les producteurs d'espaces – élus, concepteurs, techniciens, experts en sciences sociales – formant une technostructure en situation légitime d'énoncer la ville : Toussaint J.-Y., 1996, « Le collectif d'énonciation de l'espace : production contemporaine de l'espace et modalités de professionnalisation », *Espaces et sociétés* n° 84-85, pp. 83-87.

de réalisation, a été aussi mis en évidence à l'échelle de l'édifice, dans le secteur public comme dans le privé (notamment Ben Mahmoud-Jouini, 2005, Evette *et alii*, 2003).

François Lautier a rappelé l'invention récente du terme de maîtrise d'ouvrage pour désigner la position juridique du commanditaire ou de l'investisseur (Lautier, 2000). La loi sur la maîtrise d'ouvrage publique a souligné la responsabilité du maître d'ouvrage dans la conception des édifices et son rôle spécifique par rapport aux maîtres d'œuvre. Mais, au fil des ans, est apparue une interprétation parfois excessive de la dichotomie des rôles et des acteurs de l'élaboration des projets. Les pratiques témoignent cependant d'entrecroisements complexes des rôles et de la recherche de dispositifs de coconception ou de coproduction des ouvrages. La procédure des marchés de définition, dans le secteur public, reflète cette préoccupation. Pour saisir le caractère distribué et parfois diffus de l'élaboration des projets, la notion de fonction de maîtrise d'ouvrage supplante donc celle du maître d'ouvrage considéré comme acteur individualisé. Et on s'intéresse à l'émergence, dans l'exercice de cette fonction, d'organisations plus flexibles remplaçant ou s'articulant à des organisations hiérarchisées plus classiques.

Une logique de service

Un des puissants facteurs d'évolution de la maîtrise d'ouvrage est l'essor de la logique de service dans la production du bâtiment. Dans sa contribution, François Lautier analyse comment le déplacement des enjeux des projets du bâtiment lui-même aux services qu'il doit rendre à ses utilisateurs réorganise le processus d'élaboration des projets et les pratiques de maîtrise d'ouvrage. S'appuyant sur l'exemple du Technocentre de Renault et d'un promoteur de logement, il montre comment concevoir un équipement, non comme une fin en soi, mais comme un support de services rendus à une activité (la recherche industrielle ou la vie des locataires) redéfinit les dispositifs de maîtrise d'ouvrage. L'usage et la gestion, fonctions situées en aval dans un processus séquentiel, se trouvent, de façon plus ou moins directe, incorporés dès l'amont de la définition des projets. Portant la réflexion sur les projets urbains, François Lautier, tout en relativisant la notion de « maîtrise d'ouvrage » à cette échelle, estime qu'on peut rapprocher l'évolution des maîtrises d'ouvrage d'édifices et urbaine sur trois points : le rôle majeur des préoccupations stratégiques et politiques, la multiplication des professionnels et l'influence croissantes des « parties prenantes », notamment « les utilisateurs-bénéficiaires-habitants ».

La logique de service est au principe même de cette forme emblématique de l'évolution de la relation entre le secteur public et le secteur privé que sont les contrats de partenariat public-privé (PPP). Ceux-ci sont aussi représentatifs de tendances générales de l'évolution de la production architecturale et urbaine : ils manifestent la volonté de maîtrise des risques d'investissement qui s'impose avec force dans les opérations immobilières et urbaines, pour les bâtiments privés comme pour les équipements publics. Ils témoignent, enfin, du retrait de l'investissement public lié à l'endettement de l'État, des organismes publics ou des collectivités territoriales. Depuis longtemps connus en France dans le domaine des infrastructures, ces contrats s'étendent aujourd'hui aux équipements publics pour lesquels l'exemple britannique fait référence et débat. Graham Winch a exposé comment les partenariats public-privé se sont développés en liaison avec une réorganisation volontariste de l'industrie du bâtiment, d'une part, et de libéralisation des services publics, d'autre part : « *Le gouvernement fournit un service non pas lorsqu'il réalise l'équipement qui fournit le service, mais lorsqu'il accorde une concession pour ce service* » (Winch, Symes, 2004).

Dans cet ouvrage, Frédéric Bougrain, Jean Carassus et Marc Colombard-Prout proposent une analyse comparative d'opérations de constructions publiques réalisées en PPP dans quatre pays européens (Royaume Uni, Italie, Danemark, France) pour en dégager les conditions de réussite au regard des attentes des partenaires publics et privés. Ces formules de contrats portent sur le financement, la conception, la construction et la gestion de bâtiments. Un bilan comparatif est dressé de la motivation du choix du partenariat, des délais et des coûts de négociation, de financement et d'exploitation, ainsi que du partage des risques et la qualité des services rendus aux utilisateurs. Les auteurs soulignent la diversité des contextes et des approches de ces partenariats et indiquent les marges de progrès pour leur pratique en France. Les indicateurs de performance du processus et des résultats de l'opération semblent en effet à l'heure actuelle insuffisants.

Si de tels indicateurs sont plus développés en Grande-Bretagne, ces formes de partenariat y suscitent néanmoins un vif débat. Plusieurs rapports d'évaluation officiels ont été conduits qui soulignent un certain nombre d'insuffisances, tant en ce qui concerne l'économie globale des opérations menées de la sorte, que dans le domaine de la qualité architecturale des bâtiments et de celle des services offerts aux utilisateurs. Il semble que les aspects qualitatifs de l'usage des bâtiments pour les services publics qu'ils accueillent soient insuffisamment pris en compte dans les indicateurs de performance utilisés. Les conditions de travail du personnel et la maintenance des locaux posent notamment problème (Biau, Weil, 2004) [1].

Bien que cette forme de partenariat soit très minoritaire en France – et probablement destinée à le rester – elle manifeste de façon peut-être aiguë une évolution sensible dans tous les processus d'élaboration de projets architecturaux et urbains : la logique de services suscite un bouleversement des rôles des acteurs situés précédemment à des points successifs et distants de la chaîne de conception et de réalisation. Elle soutient par ailleurs une extension des compétences participant à la maîtrise d'ouvrage et modifie le paysage professionnel de la production des ouvrages et aménagements.

---

[1] Sur cette question on peut voir aussi : *Partenariats public-privé dans l'aménagement urbain (Allemagne, USA, Espagne, Grande-Bretagne, Suède, Pays-Bas, France)*, sous la direction de W. Heinz, L'Harmattan, collection « Villes et Entreprises », 1994. Il serait intéressant de rapprocher ces partenariats de ceux engagés dans le renouvellement urbain, *cf.* Beaufils M.-L., 1998, « Quartiers en difficulté : l'aménagement comme mode de développement et les ambiguïtés du partenariat public-privé », *in* May N. *et alii*, 1998, pp. 291-303.

Acteurs professionnels émergents et outils techniques

Comme dans un jeu de taquin, les acteurs de l'aval, réalisateurs ou gestionnaires, se placent en amont. Par ricochet les concepteurs, acteurs pivot entre l'amont et l'aval, sont repoussés vers l'aval. Ce schéma est celui dénoncé par les architectes britanniques à propos des contrats de partenariats public-privé, dans lesquels ils sont conduits à intervenir sous le leadership des constructeurs ou des gestionnaires ou bien comme assistants du client utilisateur, renonçant alors à la maîtrise d'œuvre. C'est une telle logique que redoutent également les maîtres d'œuvre en France. Si ces situations limites font office de repoussoir, la tendance générale est néanmoins à un gonflement des équipes assumant la fonction de maîtrise d'ouvrage. Il s'agit de gérer la complexité des projets, réduire les incertitudes qu'ils génèrent, piloter et coordonner des spécialistes et intervenants multiples [1].

François Lautier montre, par exemple, comment le *facility management*, profession de gestion des bâtiments et équipements, rejoint progressivement le dispositif maîtrise d'ouvrage. Mais c'est plus généralement l'espace professionnel des producteurs du bâtiment et de l'aménagement qui se transforme. Les différents métiers de l'urbanisme, de l'ingénierie publique et privée, de l'architecture et du paysage se trouvent ainsi engagés dans une double évolution : d'une part une spécialisation des interventions professionnelles (conseils ou assistance aux maîtres d'ouvrage, montage d'opération et nouvelles disciplines de conception) ; d'autre part l'émergence de nouvelles fonctions de coordination (management de projet, coordination d'opération et médiation).

C'est cet espace professionnel auquel s'attache Guy Tapie dans sa contribution en exposant le « modèle français » des professions de maîtrise d'œuvre [2]. Il indique comment des professions établies, notamment les architectes, développent différentes stratégies de positionnement dans des processus de conception des projets en pleine évolution. Il souligne leur inscription dans des dispositifs de coopération avec d'autres maîtres d'œuvre, les rôles nouveaux qu'ils sont conduits à assumer dans ces situations, et notamment ceux de coordinateurs d'opération. Ces tendances sont également observables à l'échelle européenne (Chadoin, Evette, 2004, Courdurier, Tapie, 2004). Les modalités et conditions de la coopération entre les acteurs de la maîtrise d'ouvrage et de la maîtrise d'œuvre, ainsi que les dispositifs de confiance et de contrôle qu'ils supposent ont fait l'objet

---

[1] On trouve ici le double aspect de l'économie des services. D'une part ils se développent en direction des consommateurs, seuls ou en complément des produits qui leur sont offerts ; d'autre part, ils répondent à une demande croissante de maîtrise de l'incertitude : ces *« services réducteurs d'incertitude "visent" à réduire les dysfonctionnement des systèmes matériels productifs (services techniques d'ingénierie, de maintenance, de logistique interne) et des systèmes humains (gestion des ressources humaines), à fidéliser la clientèle, à prévenir ou régler les conflits internes et externes et à assurer les conditions de couverture financière des risques qui n'auraient pu être évités »* (Gadrey, 1996, p. 60-61). Voir aussi Camagnac E. « La "commande" comme nouveau marché des services : crise ou renouveau du professionnalisme ? », *Espaces et sociétés*, n° 105-106.

[2] On peut le distinguer des modèles « anglo-saxon » ou « rhénan ». *Cf.* Haumont B., Biau V., Godier P., 1997, « Les segmentations des marchés de maîtrise d'œuvre, esquisse européenne », *in* Bonnet M., 1997, pp. 29-46.

des travaux du réseau de recherche Ramau (Evette, 2001). Y est avancée la notion d'interprofessionnalité pour aborder l'activité des professionnels du point de vue des échanges qu'ils instaurent dans l'élaboration et la conduite de projet. Dans cette perspective, le programme de recherche du PUCA sur les activités d'experts et les coopérations interprofessionnelles, actuellement en cours, apportera d'utiles approfondissements sur l'évolution des pratiques des projets architecturaux et urbains [1].

Développeurs et médiateurs

L'ensemble des travaux existant en ce domaine, comme ceux sur les formes actuelles de l'action publique, a révélé, au sein de ces processus de coopération, l'essor des acteurs situés à l'interface des différents réseaux ou des différentes fonctions. Deux figures conjointes apparaissent : celle de « développeur de projet » et celle de « médiateur ». Le développeur s'investit dans le travail de négociation politique et de formulation technique du projet collectif, le médiateur met l'accent sur la maïeutique de l'interaction, notamment lorsque la participation des associations ou des habitants est sollicitée (Gaudin, 1999). Le terme d'« entrepreneurs d'action collective », quant à lui, focalise le regard sur le rôle d'initiateur de stratégie de développement (*cf.* la contribution d'Alain Bourdin).

Ces figures professionnelles se développent au sein d'une mosaïque d'acteurs politiques et parapolitiques, fonctionnaires et élus, ces « élites diversifiées », acteurs des métiers de l'action publique, leaders d'association ou élus locaux impliqués dans le portage de projet. Comme Guy Tapie le fait pour les professions de la maîtrise d'œuvre, Jean-Pierre Gaudin repère les caractères identitaires et les éthiques professionnelles des développeurs de projet et des médiateurs, sortes de « technotables » dont les compétences techniques sont étroitement associées à leur surface sociale. Ils mobilisent dans leur action toutes les ressources de leurs savoirs d'expertise et les réseaux auxquels ils participent. Quelle que soit leur position dans le dispositif d'action, ils partagent un ethos de l'opération pilote, du travail de mission et de l'esprit d'expérimentation (Gaudin, 1999). À travers les aspects collectifs de l'élaboration des projets se manifestent ainsi les recouvrements entre les espaces professionnels et politiques et les intrications des fonctions techniques, stratégiques et politiques.

Les aspects positifs de cette hybridation des compétences, voire des rôles, entre professionnels et politiques sont évoqués par François Ascher qui crédite les PPP d'une efficacité particulière ayant permis de développer des « *systèmes de relations, des connaissances réciproques, des imbrications d'intérêts, des mobilités de professionnels, etc. qui contribuent aujourd'hui profondément au renouvellement de l'urbanisme et de l'aménagement. Certes, ces interactions ne sont pas sans dangers divers, mais elles ont aussi le mérite de contribuer à diffuser ces nouveaux modes de gouvernance qui apparaissent aujourd'hui indispensables* » (Ascher, 2001).

---

[1] Programme de recherche PUCA, lancé en 2002, à la suite des travaux du réseau Ramau. *Cf.* www.ramau.archi.fr.

Des outils techniques à l'ingénierie sociale

Des points de vue plus interrogatifs sont adoptés par Jean-Jacques Terrin et Philippe Dard dans cet ouvrage. Le rapport des experts au politique y est abordé à travers le prisme des techniques créées pour représenter certaines données de projet. Ces outils font partie de tous les « objets intermédiaires » qui médiatisent les relations des acteurs dans les processus de travail collectif. Ils interviennent comme support de la conception ou comme instrument de mesure de la performance ou bien encore comme moyen de communication entre décideurs, professionnels et destinataires des projets. Dans cet ensemble, Jean-Jacques Terrin relève le rôle croissant de la thématique des ambiances et des technologies qui les simulent et les visualisent. Il estime que cette thématique fait écho à la volonté de maîtriser les risques de projet liés à leur réception par le public et manifeste la montée de « l'aval » dans la conduite des projets. Elle serait ainsi destinée à mieux prendre en compte certaines attentes des habitants ou à garantir l'acceptabilité du projet par les populations. Les responsables politiques solliciteraient alors une catégorie d'experts dotés d'une légitimité technique – la maîtrise des données d'ambiances techniques ou visuelles des projets – pour une visée stratégique d'ordre social et politique. L'analyse de la mise en œuvre de différents outils de représentation des ambiances dans des situations de projet variées, en Europe et aux États-Unis, permet d'éclairer ces enjeux et fait apparaître une nouvelle pléiade de professionnels situés à l'articulation du technique et du politique. La notion polysémique d'ambiance se prête particulièrement au recouvrement de ces champs. Pascal Amphoux a clarifié cette notion en distinguant les **ambiances**, relevant d'une approche technique de la lumière, du son, du climat, etc., de **l'ambiance**, notion multidisciplinaire réunissant les aspects physiques, psychologiques et sociaux des environnements vécus [1]. Sa richesse de sens et son ambiguïté ne sont sans doute pas étrangères au succès que rencontrent les propositions des experts qui s'en réclament, dans l'élaboration des projets.

En portant le regard sur un outil de visualisation particulier, la maquette virtuelle, Philippe Dard propose, pour sa part, une réflexion sur les enjeux épistémologiques et politiques des techniques de représentations mobilisées. Il fait ressortir la double finalité de l'usage des maquettes virtuelles dans les relations entre acteurs et destinataires des projets : impliquer les acteurs et construire un projet collectif et promouvoir le projet de façon à prévenir – ou gérer – les conflits éventuels qu'ils peuvent provoquer. Philippe Dard s'intéresse au langage privilégié par les maquettes virtuelles : une représentation réaliste qui immerge le spectateur dans un univers de sensations. On retrouve dans les maquettes virtuelles la polysémie et l'ambiguïté de la simulation d'ambiances. Privilégier le registre des sensations sur celui de la raison analytique n'est pas sans conséquences sur la position donnée au spectateur des images et sur les moyens qui lui sont offerts de réagir au projet, élaborer une position argumentée et pas seulement livrer une réaction émotive. Philippe Dard oppose la position de spectateur passif caractéristique des maquettes virtuelles à celle de citoyen engagé dans l'élaboration d'un projet. Et c'est la nature de la concertation qui est ici en cause : s'agit-il de communiquer un projet à des destinataires pour le faire accepter ou de soutenir un processus d'ingénierie concourante entre décideurs et professionnels associant en outre les destinataires du projet ?

---

[1] « Une »expertise ambiance« est-elle possible ? », *in* Evette T., Terrin J.-J. (dir.), *Projets urbains : expertises et politique,* Paris, éditions de La Villette, à paraître en 2005.

Conclusion

On peut conclure ce parcours à travers les contributions de cet ouvrage par quelques observations sur la conduite des projets d'aménagement. D'un côté on voit le foisonnement des constructions organisationnelles imaginées pour gérer la diversité des acteurs engagés dans les projets et la variété des contextes d'action. De l'autre, est posée la question des enjeux politiques ou stratégiques des projets. Enfin, l'idée que les résultats recherchés sont conditionnés par les moyens mis en œuvre semble constituer un cadre de pensée largement partagé. Ceci pose, outre la question du management du processus de travail collectif, celle de la nature exacte des résultats visés et des effets réels des projets. Sur la finalité de ceux-ci, on a signalé la difficulté de faire converger une politique de développement économique et d'intégration sociale. Sur les résultats obtenus, J.-P. Boutinet rappelle qu'il existe des « pathologies » du projet dont l'une est d'alimenter les problèmes qu'il prétend résoudre (Boutinet, 2003). L'ampleur des ressources mobilisées dans l'élaboration des projets, dont témoigne cet ouvrage, est certainement susceptible de constituer une médecine préventive d'une telle pathologie. Mais la culture de l'évaluation dans les domaines des projets architecturaux et urbains reste encore assez peu développée en France.

Par ailleurs, on peut souligner le rôle de la durée dans l'émergence de modes de coopération et de partenariat permettant de renouveler des pratiques plus séquentielles et hiérarchisées de projet. Ceci renvoie à la temporalité des projets et à leurs conditions institutionnelles. Certes, les projets peuvent être une source de création institutionnelle et d'émergence de nouveaux acteurs, mais ils sont aussi une modalité d'action pour des institutions qui leur préexistent et leur survivent. Dans les projets industriels, les équipes de projet sont éphémères et le périmètre des participants s'arrête aux seuls producteurs. La production et la capitalisation des connaissances sont assurées en dehors du projet, dans l'entreprise, en lien éventuel avec ses partenaires sous – ou cotraitants. Dans les projets de bâtiment, les équipes sont souvent éphémères et la capitalisation des connaissances est rarement mutualisée. Dans les projets urbains, projets de développement se déclinant en quantité de projets singuliers, la situation se présente de façon différente. Des créations institutionnelles sur des territoires pertinents sont sans doute nécessaires pour que se produise une capitalisation des connaissances, un apprentissage collectif et qu'émergent des finalités de projet plus largement partagées ; pour que soit aussi surmontée la fragmentation des actions touchant la formation des biens collectifs de la ville.

Enfin, si on observe un élargissement des équipes impliquées dans l'élaboration des projets d'aménagement, tous les groupes concernés ne sont pas constitués *a priori* en acteurs influents. Le processus de projet, surtout quand il se préoccupe de créer des apprentissages collectifs, peut favoriser l'émergence d'acteurs jusqu'alors exclus, mais on ne peut oublier que les projets, quels que soient leur échelle et leur objet, sont traversés par des conflits de finalités d'ordre économique, social ou politique et par une inégalité des ressources de compétence et de légitimité détenues par les groupes qu'ils concernent.

Références bibliographiques

Arab N., « La coproduction des opérations urbaines : coopération et conception », in *Espaces et sociétés* Projet urbain, n° 105-106, 2001.

Ascher F., « La nouvelle révolution urbaine : de la planification au management stratégique urbain », *in* Masboungi A. (coord.), *Fabriquer la ville. Outils et méthodes : les aménageurs proposent*, Paris, Club ville-aménagement, La Documentation française, 2001.

Ben Mahmoud-Jouini S., « Pratiques de projet en coconception – L'interaction entre la conception du produit et du *process* » in Terrin J.-J., 2005, *Maîtres d'ouvrage, maîtres d'œuvre et entreprises*, Paris, éditions Eyrolles, 2004.

Biau V., Weil S., « Le développement de la procédure PPP/PFI en Grande-Bretagne », rapport d'enquête MIQCP, in *Le Moniteur*, cahiers détachés n° 2, 11 juin, 2004.

Bonnet M., (resp.), *L'élaboration des projets architecturaux et urbains en Europe*, volume 1, *Les acteurs du projet architectural et urbain*, Paris, Plan urbanisme construction architecture, 1997 ; Bonnet M., (resp.), *L'élaboration des projets architecturaux et urbains en Europe*, volume 2, *Les commandes architecturales et urbaines*, Paris, Plan urbanisme construction architecture, 1997 ; Bonnet M., (resp.), *L'élaboration des projets architecturaux et urbains en Europe*, volume 3, *Les pratiques de l'architecture : comparaisons européennes et grands enjeux*, Paris, Plan urbanisme construction architecture, 1998 ; Bonnet M., (resp.), *L'élaboration des projets architecturaux et urbains en Europe*, volume 4, *Les maîtrises d'ouvrage en Europe : évolutions et tendances*, Paris, Plan urbanisme construction architecture, 2000

Bonnet M., Claude V., Rubinstein M., (dir.), *La commande... de l'architecture à la ville*, Paris, Plan urbanisme construction architecture, 2 tomes, 2001.

Bourdin A., *La question locale*, Paris, PUF, 2000.

Boutinet, « Le foisonnement de nos projets, de bons analyseurs pour les temps que nous vivons », *Alinéa* n° 14, octobre, Projet (s) ? Contrainte et liberté en action école, ville profession, pp 10-21, 2003.

Chadoin O., Evette T., (dir.), *Activités d'architecte en Europe, nouvelles pratiques*, Paris, éditions de La Villette, « Cahiers Ramau 3 », 2004.

Coudurier E., Tapie G., *Contrat emploi prospective – Les métiers de la maîtrise d'œuvre*, Paris, La Documentation française, 2004.

Evette T. (ed.), *Interprofesssionnalité et action collective dans les métiers de la conception*, Paris, éditions de La Villette, Cahiers Ramau 2, 2001.

Evette T. *et alii*, « Expertises et savoirs dans la définition des édifices », *in* Prost R. (dir.), *Projets architecturaux et urbains. Mutation des savoirs dans la phase amont*, Paris, PUCA. pp. 79-134, 2003.

Gaudin J.-P., *Gouverner par contrat*, Paris, Presses de Sciences Politiques, 1999.

Godard F., (coord.), *Le gouvernement des villes. Territoire et pouvoir*, Paris, Descartes & Cie, 1997.

Goux-Baudiment F., Heurgon E., Landrieu J., *Expertise, débat public : vers une intelligence collective*, colloque de Cerisy, Prospective (II), éditions de L'aube, 2001.

Jouve B., « Gouverner la fragmentation ou les défis de la gouvernance urbaine », *in* Zepf M., (dir.), *Concerter, gouverner et concevoir les espaces publics urbains*, Lausanne, Presses polytechniques et universitaires romandes, 2004.

Lautier F., « La situation française, manifestations et éclipses de la figure due maître d'ouvrage », *in* Bonnet, pp. 15-23, 2000.

Le Galès Patrick, *Le retour des villes européennes*, Presses de sciences Politiques, 2003.

Lefèvre C., 1997, « Gouvernance, institutions et territoires. Les gouvernements métropolitains dans les pays occidentaux » *in* May N., pp. 277-290, 1998.

Lorrain D., « De l'administration républicaine au gouvernement urbain », *Sociologie du travail*, n° 4/91, pp. 461-484, 1991.

Lorrain D., « Administrer, gouverner, réguler », *Annales de la Recherche Urbaine*, Gouvernances n° 80-81, pp. 85-92, 1998.

Midler C., *L'auto qui n'existait pas. Management des projets et transformation de l'entreprise*, Paris, Interéditions, 1993.

May N., Veltz P., Landrieu J., Spector T., (dir.), *La ville éclatée*, Paris, éditions de l'Aube, 1998.

Novarina G., « La construction des demandes sociales par le projet d'urbanisme », *Annales de la recherche urbaine*, Gouvernances, n° 80-81, décembre, 1998.

Offner J.-M., « L'action publique innovante », *in* Wachter S. *et alii. Repenser le territoire. Un dictionnaire critique*, DATAR, éditions de l'Aube, pp. 139-155, 2000.

Préteceille E., « De la ville divisée à la ville éclatée : questions et catégories de la recherche », *in* May, pp. 33-47, 1998.

Ratouis O., Segaud M., « De la "maîtrise d'ouvrage" au "collectif d'énonciation" : proposition pour une nouvelle approche de la production territoriale », in *Espaces et sociétés* n° 127-145, 2001.

Winch G., Symes M., « Les mutations dans l'industrie du bâtiment britannique : *partnering*, financement privé et renouvellement urbain », *in* Chadoin O, Evette T., *Activités d'architectes en Europe, nouvelles pratiques*, édition de La Villette, pp. 114-132, 2004.

Première partie

● ● ● ●

L'évolution des partenariats

• • • Chapitre 1

Projet urbain et complexité de la ville

Alain Bourdin [1]

Dans les villes contemporaines, des éléments dont le nombre et l'autonomie croissent sans cesse (qu'il s'agisse d'individus, d'objets, de réseaux...) entretiennent des relations multiples et relativement aléatoires : la complexité de la ville n'est ni un slogan ni une illusion. Et c'est bien autour de cela que tourne, depuis quelques dizaines d'années, le principal débat chez les théoriciens comme chez les praticiens de l'urbanisme : comment caractériser la complexité et surtout, comment la traiter. Pendant longtemps la solution préférée fut d'essayer de délimiter des incertitudes pour les réduire. À cette fin, les ingénieurs proposaient des modèles, les architectes des « partis », les organisations internationales des « bonnes pratiques ». Une autre posture, radicalisée par les tenants du chaos urbain et exprimée de façon plus mesurée par d'autres [2], consiste à considérer la complexité comme une richesse qu'il ne faut pas essayer de réduire, ni dans la connaissance ni dans l'action et dont on doit faire le moteur du développement urbain, de son dynamisme, de la qualité de la ville.

Ainsi réintroduit-on la dialectique dans la pensée urbaine. Cela conduit à considérer la valeur créative des contradictions plutôt que de vouloir les réduire à tout prix par la pensée ou par l'action. C'est dans cette perspective que l'on s'interrogera sur les conditions de la réussite des villes inscrites dans des systèmes de concurrence. En effet, celle-ci dépend de leur cohérence, de leur unité, voire d'une certaine concentration dans l'espace, c'est-à-dire de tout ce qui rend accessible (y compris au sens de la lisibilité) et attractif et permet de construire une action véritablement stratégique ; mais la capacité d'innovation, d'initiative, de production d'une offre économique et sociale attractive se fonde dans des mouvements qui vont à l'inverse : désorganisateurs, imprévisibles, parfois « illisibles », s'inscrivant dans l'espace de manière discontinue. L'unité centripète s'appuie sur un dynamisme centrifuge... Comment cette contradiction devient-elle un moteur de développement ? En quoi et à quelles conditions le dispositif du projet urbain est-il l'instrument de ce processus ? Pour répondre à ces questions, on se focalisera tout particulièrement sur la relation entre projet et constitution de la « ville-acteur ».

---
1 Directeur du Laboratoire des théories des mutations urbaines (UMR 7136 du CNRS), professeur à l'institut français d'urbanisme (université Paris VIII).
2 Notamment en Italie (*cf.* par exemple les travaux de Bernardo Secchi).

Contexte et défis du développement urbain

Quelques phénomènes majeurs ont redéfini, dans les dernières décennies, la situation des villes à l'échelle mondiale et en Europe [1]. Le premier d'entre eux est la « désindustrialisation » ou les conséquences de la fin du régime fordiste [2]. Les villes les plus grandes et les plus riches du monde ont toutes été marquées, à des degrés divers, par l'activité industrielle. Celle-ci se transforme, diminue ou se délocalise. Les grandes villes chinoises connaissent un fort développement industriel et il en va de même dans quelques autres pays du monde. Si quelques villes européennes (Toulouse par exemple) voient croître fortement une industrie nouvelle qui ne vient pas se substituer à une activité existante, cela reste exceptionnel. Globalement, les villes riches, particulièrement en Europe de l'Ouest, sont marquées par une redéfinition du rôle qu'y joue l'industrie [3], ce qui s'accompagne de profondes transformations spatiales. Parallèlement, les activités de service et tout ce qui touche à « l'économie cognitive » s'y développent. L'innovation devient une composante majeure du développement économique.

La plus grande ouverture des marchés facilite le développement de la concurrence entre villes. Il existe désormais des systèmes concurrentiels à l'échelle mondiale, régionale (par exemple européenne), nationale, sub-nationale. Chaque ville est prise dans un jeu de concurrences plus fortes et plus incertaines qu'antérieurement, même si le marché interne continue d'avoir une grande importance. Or, dans cette compétition, les avantages différentiels ne sont pas seulement liés à des situations ou à des ressources « données ». Il ne suffit pas d'être bien placé près des sources d'énergie ou de matière première, ni même sur les flux de circulation, de bénéficier d'une situation fiscale avantageuse etc., même si cela peut beaucoup aider ; il faut également savoir produire des avantages et utiliser ceux dont on dispose. La réussite dépend de l'action stratégique des villes et de leur capacité à se mobiliser pour elle. En même temps, la conquête des avantages différentiels, par exemple à travers d'importants investissements dans le secteur des nouvelles technologies ou dans les grands équipements attractifs, risque de se faire au détriment de l'offre générale de services et de la qualité de la vie urbaine, ce qui devient « contre-performant ». La compétition est un équilibre.

Par ailleurs, les villes s'autonomisent. Inscrites dans des réseaux et des systèmes de concurrence d'échelles diverses, elles se détachent des États et deviennent plus aptes [4] à produire leur propre politique, alors que les politiques publiques d'État montrent une inadaptation croissante pour répondre aux problèmes urbains. La logique de partenariats dans lesquels interviennent, à des doses différentes selon le contexte, les investisseurs privés, internationaux et locaux, les

---

1 On se contentera ici de présenter une synthèse de ce qui est généralement admis par les spécialistes, sachant que chaque point évoqué mériterait un long développement faisant état des débats qu'il suscite.
2 Pour utiliser le lexique de l'école régulationiste.
3 Le terme de désindustrialisation est parfois un peu rapide pour désigner un ensemble de phénomènes parmi lesquels figure cependant la quasi-disparition d'une bonne partie de l'industrie traditionnelle.
4 Par rapport à ce qui se passait dans la période précédente : il ne s'agit pas ici d'énoncer une loi historique.

opérateurs [1] privés, les acteurs publics d'État et ceux du niveau local, met le gouvernement de la ville en position d'initiative, de coordination et d'arbitrage. En même temps, les sociétés urbaines se métamorphosent. L'individuation, la mobilité, la diversité culturelle concourent à faire des villes un contexte social complètement différent, qui ne se définit pas simplement par l'atomisation ou la fragmentation [2]. Pour simplifier, les contextes sociaux ne sont jamais donnés et toujours à produire. Les relations interindividuelles produisent des contextes sociaux, comme le font les logiques de la consommation, du marché du travail, de la mobilité, etc. Mais il n'y a là aucun ordre et les contextes ainsi créés peuvent varier fortement d'intensité. Le gouvernement des villes est donc confronté à l'enjeu de la mise en ordre et, dans la mesure où celle-ci peut apparaître comme un bien [3], de l'intensification de ces contextes.

Tout cela transforme la relation de centralité, fondatrice de la définition traditionnelle de la ville. Les théoriciens ont surtout traité de la ville militaire et, encore plus, de la ville centre économique, politique et religieux pour un territoire, le cas des villes portuaires purement reliées à des réseaux, se sont rarement trouvées au centre des débats. Une idée admise (fortement exprimée par J. Remy et L. Voyé [4]) est que la ville-centre systématise ou cristallise le territoire en devenant le lieu des fonctions, des rituels, des forces rares ; le lieu par lequel les échanges économiques et symboliques passent et celui qui joue un rôle d'accélérateur par rapport à l'ensemble des processus qui se développent sur le territoire. Cela repose sur une relation d'opposition et de dépendance entre un territoire de la production agricole et de la société rurale et une ville qui concentre l'ensemble de la centralité. Actuellement, ce type de rapport ne fonctionne pratiquement plus : la ville s'agrandit en intégrant des espaces « périurbains » divers, mais on assiste à un découplage entre la ville ainsi définie et un territoire rural avec lequel elle n'entretient plus guère les rapports classiques de centralité. Faisons l'hypothèse que la cristallisation s'opère à l'intérieur même de la ville. Elle différencie, sur un territoire urbain complexe, des objets « centraux » qui n'en sont pas simplement des emblèmes, mais bien des lieux où se concentrent l'échange, la créativité et l'innovation, la symbolique, le pouvoir... Le projet urbain est la démarche à travers laquelle on organise ce rapport.

Tout projet urbain suppose la production d'un ou plusieurs de ces lieux qui prennent la forme d'équipements ou d'objets architecturaux partiellement autonomes, mais qui tirent une grande part de leur sens et de leur efficacité du rapport

---

[1] Promoteurs, gestionnaires, aménageurs.
[2] Certaines analyses, par exemple celles de Donzelot en France (notamment dans les numéros de la revue *Esprit* de novembre 1999 et de mars-avril 2004) partent d'une représentation classique de la « société », par rapport à laquelle se développeraient des phénomènes de repli, voire de rupture du lien social ou de « sécession ». L'ampleur des phénomènes est parfois surestimée, mais là n'est pas l'essentiel : comme l'ont bien montré certains sociologues (*cf.* Dubet F. et Martuccelli D. *Dans quelle société vivons nous*, Paris, édition du Seuil, 1998) la représentation classique de la société ne peut pas permettre de rendre compte des contextes sociaux contemporains, en particulier de ceux que l'on observe dans les villes (*cf.* également Bourdin A. « Le gouvernement des villes institue autant qu'il coordonne ou les limites des théories de la gouvernance », *in* : May N., Veltz P., Landrieu J. & Spector T. (eds.) *La ville éclatée*. La Tour d'Aigues, éditions de l'Aube, pp. 314-330).
[3] Parce que nécessaire à la mobilisation, à la combativité, à la créativité ou simplement à l'agrément de la vie urbaine...
[4] Rémy J., Voyé L. *La ville et l'urbanisation*, Gembloux, éditions Duculot, 1974.

qu'ils entretiennent avec un contexte qu'ils cristallisent. Le musée Guggenheim de Bilbao est un objet architectural remarquable en soi, mais le sens qu'il prend dans le contexte de la Ria, dans un rapport fort à la ville et à la symbolique de sa transformation économique, sociale, spatiale, les effets qu'il entraîne sur le développement du territoire environnant, sont constitutifs de son « identité », de son esthétique. Un projet est à la fois une forme unique qui s'impose et l'expression de choix économiques, de valeurs, d'une identité ou d'une symbolique, de rapports sociaux passés ou actuels. En même temps, tout projet est soumis, notamment lorsqu'il est « achevé », aux effets des transformations de son contexte interne et externe ; la question de sa durée et de son renouvellement se pose sans cesse.

Organiser la concurrence

Pour prendre en compte ces grandes caractéristiques, l'opérateur urbain – en particulier celui qui est prééminent dans le gouvernement de la ville – doit d'abord choisir celui des jeux de concurrence qu'il privilégie. Dans les grandes villes, la concurrence sur un marché urbain devient un facteur déterminant. Selon un expert local, Montréal est en concurrence permanente avec une cinquantaine de villes nord-américaines. Les avantages différentiels deviennent le centre de nombre de politiques locales. On peut faire des opérations dans la ville sans se soucier d'autre chose que des marchés locaux, mais **faire la ville** suppose que l'on raisonne par rapport aux concurrents du marché urbain que l'on privilégie [1], car une ville importante se trouve habituellement sur plusieurs marchés. Genève peut par exemple privilégier le marché roman (ou la seule vraie concurrente est Lausanne), le marché Suisse (avec notamment Zurich, Bâle, Berne, etc.) ou encore le marché des villes accueillant des institutions internationales (ou l'on retrouve New York, Nairobi, Paris, Bruxelles, etc.). Mais certains de ces choix sont plus stratégiques ou réalistes que d'autres : si Genève ne s'occupe que du marché roman (plutôt que de chercher la synergie avec Lausanne), elle risque d'être à la merci des autres marchés sur lesquels elle a beaucoup à perdre.

L'opérateur urbain doit également choisir la (les) stratégie (s) qu'il adoptera pour créer des avantages différentiels et, en particulier, pour stimuler l'innovation. Les avantages différentiels sont ceux qui attirent, mais également ceux qui font que l'on reste et s'ils ne s'adressent qu'à une catégorie d'acteurs économiques et de résidents, cela s'avérera probablement contre-productif [2]. Stimuler l'innovation passe par des milieux sociaux spécifiques, par exemple la « classe créative » de Richard Florida [3], par des effets de proximité [4], par les dynamismes et les savoir-faire accumulés dans des activités traditionnelles en perte de vitesse, par la

---

[1] En admettant que l'on puisse en privilégier un seul, ce qui est rarement le cas.

[2] Par exemple, avec une augmentation excessive des coûts de l'immobilier, la difficulté à trouver certains services de base pour les personnes ou les entreprises, si l'on s'est trop focalisé sur les nouvelles technologies et leurs cadres.

[3] Florida R. *The rise of creative class : and how it's transforming work, leisure, community and evereday life.* Basic Books, 2002.

[4] Cf. les travaux actuellement en vogue des économistes de la proximité et particulièrement de ceux qui ont au moins le mérite de l'antériorité : les économistes du GREMI.

capacité à construire une aventure (comme à Silicon Valley), etc. L'activité culturelle, l'ambiance de la ville y contribuent tout autant que l'économie ou les services urbains. Le maintien des avantages différentiels, en particulier d'une image positive de la ville, condition nullement suffisante, mais nécessaire à toute réussite, passe en revanche par une qualité urbaine d'ensemble, ce qui se joue également dans les banlieues pauvres ou les quartiers en difficulté.

Enfin, l'opérateur urbain doit décider des méthodes qu'il choisira, pour organiser la multiplicité et créer de l'unité sans casser le foisonnement. Chaque grande ville est économiquement multiple, elle l'est socialement, culturellement, institutionnellement. Le multiculturalisme n'est plus un choix ou une hypothèse, c'est une donnée. Il s'agit de trouver les conditions optimales pour qu'il soit un avantage, une richesse. Les divers phénomènes urbains interagissent dans des relations très diverses et avec des marges d'incertitude considérables. Résumer une ville est aussi hasardeux que de la prévoir. Nier la complexité n'est pas une solution, vouloir la maîtriser est une illusion. Il s'agit donc de créer des cadres d'action toujours fragiles et provisoires, qui définissent des contextes d'actions plus maîtrisables, donc moins complexes et moins incertains, tout en étant en mesure de réagir aux effets de la complexité. C'est bien ce à quoi visent l'urbanisme de projet en général et le projet urbain en particulier.

La ville-acteur

Quelles sont les solutions pour répondre aux exigences de la situation actuelle des grandes villes et les méthodes pour élaborer les choix que l'on vient d'évoquer ? Si l'on admet que le jeu des acteurs suffit à produire la ville, l'objectif devient d'optimiser ce jeu. Il revient alors aux autorités publiques, en particulier locales, de développer des dispositifs de régulation. Cela passe notamment par l'incitation, en rendant l'investissement plus facile ou plus attractif à l'aide de cadeaux fiscaux, par l'organisation de « tours de tables », de négociations, de dispositifs de concertation entre les représentants des différents intérêts, par la concession (et toute formule du même ordre) de services publics (eau, transports en communs, etc.). Nul ne doute que cela puisse donner des résultats, en particulier lorsqu'il s'agit de faire fonctionner la ville au quotidien ou de fixer et de faire respecter les règles du jeu de l'action dans des secteurs fortement structurés où les enjeux sont relativement simples, par exemple le développement résidentiel là où il y a une demande soutenue. En revanche, un effort particulier d'innovation ou une action très fortement concurrentielle pourront difficilement se contenter de la régulation du libre jeu des acteurs. Il faut alors produire des apprentissages collectifs et de la mobilisation, ce qui est tout autre chose.

Les apprentissages collectifs, avec les échanges de savoir qu'ils impliquent, la mobilisation avec la solidarité qu'elle exige, nécessitent, en particulier lorsqu'ils s'appliquent à la définition de choix stratégiques pour la ville, l'émergence de la **ville-acteur.** Celle-ci n'est en rien une réalité, mais un dispositif construit. L'idée d'acteur se différencie alors de celle de système, qui correspond mieux à la régulation. En effet, avoir des stratégies, mobiliser des ressources diverses (y compris humaines), définir des champs d'action, hiérarchiser des problèmes est le fait d'un acteur : un système se maintient en équilibre ; il n'a pas de stratégies. Un groupe organisé (association, parti politique...) ou une entreprise sont facilement des acteurs. Certaines villes médiévales se sont certainement constituées en acteur autour d'un groupe dirigeant et de spécificités religieuses communes. Les villes industrielles européennes (en particulier dans la période où triomphe le *welfare*) intègrent leurs habitants dans des groupes ou des milieux articulés les uns avec les autres. Elles sont soumises à une bourgeoisie locale qui les gouverne. Mais, en particulier dans le contexte d'un État fort et protectionniste (ce qui n'a pas été l'apanage de la seule France), ce dernier pèse sur le destin des villes. Les grandes entreprises qui interviennent sur des marchés plus larges (nationaux ou internationaux) se préoccupent d'organiser leur propre dispositif et de neutraliser le contexte local plus que de mobiliser la collectivité à leur profit. Il existe donc bien une économie et une société locales, fortement organisées et dont les principales limites sont l'appartenance à la société nationale [1], mais elles se décrivent comme un système régulé plutôt que comme un acteur collectif capable d'élaborer des stratégies et de les mettre en œuvre. Les villes actuelles sont des systèmes ouverts, dans lesquels la régulation s'exerce faiblement et difficilement. Pourtant, l'action stratégique et coordonnée dans un système de concurrence des villes suppose un véritable comportement d'acteur, donc la création de cet acteur. C'est la nécessité d'élaborer une stratégie qui fait l'acteur, plutôt que l'inverse.

Ce comportement résulte-t-il du seul processus de mobilisation ? Dans le passé, les sociétés locales que l'on vient de décrire comme des systèmes régulés se sont à l'occasion transformées en acteurs pour faire face à des grands événements ou à des choix engageant fortement leur avenir. Les instances représentatives, aussi bien politiques que sociales ou religieuses, devenaient alors des lieux d'élaboration stratégique. Qu'elles n'aient pas vraiment été faites pour cela explique sans doute que leurs principales performances aient concerné des décisions négatives (par exemple le refus des gares au XIXe siècle), cependant elles y parvenaient, bien ou mal. Mais nous parlons d'une époque où les autorités religieuses influençaient la quasi-totalité de la population, où les chambres de commerce représentaient pratiquement tous les acteurs industriels et commerciaux, où l'université était un corps social intégré et local [2], où les anciens combattants obéissaient à leurs associations et où, dans bien des pays, les syndicats étaient des forces locales considérables... Rien de cela n'existe plus et même si de nouvelles organisations sont apparues, elles n'atteignent souvent qu'une partie restreinte de la population (quand autrefois tout le monde était concerné) et se situent dans des positions ambiguës qui les inscrivent davantage à côté de la société que dedans [3].

---

[1] Par exemple les logiques de branche dans l'industrie ou l'appartenance à la bourgeoisie nationale.

[2] Beaucoup moins en France que dans d'autres pays européens.

[3] Les autorités religieuses traditionnelles participaient fortement à la société locale. La situation des groupements « fondamentalistes » ou même des églises pentecôtiste actuelles n'est pas la même. Cette remarque s'appliquerait également à la représentation des milieux sociaux ou des groupes culturels. Cela ne signifie pas qu'il y ait moins d'organisations ou groupements, mais ils contribuent moins à un ordre local et leurs relations avec les autres sont variables, circonstancielles et contextuelles.

La création de la ville-acteur [1] suppose donc la constitution de dispositifs spécifiques, largement artificiels. Encore faut-il qu'existent des entrepreneurs d'action collective pour constituer ces dispositifs. Le fait qu'une municipalité ou une organisation économique s'y emploient ne signifie pas qu'ils soient la ville-acteur et cette confusion conduit à ne pas regarder d'assez près les dispositifs qui produisent effectivement celle-ci.

La construction de la ville-acteur

Faire la ville-acteur, c'est d'abord créer une capacité d'élaboration stratégique qui passe par l'identification des jeux dans lesquels on joue et des concurrents et partenaires qui s'y trouvent. Cela implique le développement d'instruments de connaissance adaptés, donc la mobilisation des professionnels qui peuvent les créer et les utiliser [2] ainsi que des institutions et des dispositifs juridiques et financiers permettant d'organiser la démarche stratégique et de mobiliser les acteurs locaux, les professionnels, les consultants qui peuvent y participer. Beaucoup de grandes villes françaises sont confrontées à ce problème et les réponses sont d'autant moins aisées qu'elles bousculent parfois les cultures traditionnelles de l'action publique. Les programmes politiques ne tiennent pas lieu de démarche stratégique : ils se situent en amont lorsqu'ils définissent des principes ou des valeurs, en aval lorsqu'ils établissent un agenda de réalisations concrètes et, dans tous les cas, il leur manque la capacité d'adaptation et de réflexivité que peut donner un dispositif. Même si elle vise le long terme et possède de ce fait une certaine stabilité, la stratégie se recompose et redéfinit ses instruments (ou sa tactique !) en fonction des informations sur les actions en cours, sur celles des concurrents, sur l'évolution du contexte général. On ne fait donc pas de stratégie sans y consacrer un ensemble de ressources permanentes ; en d'autres termes, sans développer une fonction stratégique dans des organisations locales.

La ville-acteur est également celle dont les responsables sont capables de produire une organisation institutionnelle et matérielle de la ville, cohérente sinon optimale, dans les domaines qui sont directement concernés par les choix stratégiques et les moyens de leur mise en œuvre. Une ville qui choisit d'augmenter ses avantages concurrentiels en ayant une offre particulièrement attractive en matière de transports en commun ne peut évidemment pas y réussir si elle se contente de construire une ligne de tramway sans l'accompagner d'un dispositif de gestion d'ensemble des mobilités. Il n'y a pas non plus de ville-acteur sans que se constitue une coalition suffisamment forte et solide autour de l'élaboration et de la réalisation des choix stratégiques. Si les communes d'une agglomération se déchirent, s'il n'y a aucune communication entre les politiques, les entrepreneurs, les milieux innovants, le monde universitaire, les syndicats, les associations

---

1 Sur ce sujet cf. Le Gales P. *Le retour des villes européennes,* Paris, Presses de sciences politiques, 2003.
2 La création d'agences de développement à côté des agences d'urbanisme en France correspond pour une part à cela.

les plus actives, etc. ; s'il ne se constitue pas une alliance solide entre une partie significative de ces acteurs, rien ne pourra se produire [1].

La ville-acteur est capable de se donner une identité, c'est-à-dire de se différencier de façon explicite des autres, de tenir un discours, de se référer à une symbolique forte. Une petite ville comme Figeac (à peine 10 000 habitants) a parfaitement réussi cet exercice, en redécouvrant un patrimoine architectural et une histoire que tout le monde ignorait, en se réappropriant Champollion (qui n'y vécut que quelques années d'enfance) et en en faisant un symbole qui dessine une vocation culturelle, puisque demain le musée Champollion deviendra un **musée des écritures** de grande importance. Elle a su en faire argument pour attirer les touristes et l'associer à une politique de services et de développement économique qui lui a permis jusqu'à maintenant de garder une industrie de pointe [2]. Mais pour que tout cela existe, il faut d'abord que la « coalition de développement » se constitue, ce qui suppose la présence d'un entrepreneur d'action collective [3] ayant suffisamment de savoir-faire. Il faut ensuite que l'ensemble des dispositifs et des actions de la ville-acteur fasse l'objet d'une organisation et notamment qu'il existe un lieu clairement identifié d'où elles sont pilotées. Souvent, il sera souhaitable qu'il s'agisse d'un lieu institutionnellement spécifique [4].

Pour « l'entrepreneur de ville-acteur », quatre questions sont particulièrement importantes :
– le développement de la fonction « recherche développement » dans le domaine du management urbain et la mobilisation des acteurs capables de l'assurer [5]. C'est en effet la condition nécessaire pour augmenter la capacité stratégique ;

---

1 Dans les pays où les institutions étatiques jouaient traditionnellement un rôle important dans le développement urbain, leurs nouvelles missions peuvent notamment porter sur l'aide méthodologique au développement de la ville-acteur. L'incitation au projet de territoire, à la cohérence, à une gestion flexible des documents de planification, telle qu'on l'a vu se développer dans la législation française peut y contribuer. En revanche, la référence aux bonnes pratiques décontextualisées est plus ambiguë : très utile lorsqu'elle n'a d'autre ambition que de donner des idées, elle devient dangereuse lorsque l'on encourage à la transposition intégrale.

2 Et de contribuer à la création de la « mécanic Vallée » *(sic)*.

3 L'utilisation du terme d'entrepreneur est destinée à mettre en avant le savoir-faire ou les dispositions par rapport à la position. Certes, un maire est particulièrement bien placé pour jouer ce rôle, car il dispose des ressources institutionnelles pertinentes. Mais il faut également avoir une capacité de mobilisation (dans la perspective des travaux de B. Latour et de ses collègues, on dirait : d'enrôlement, d'animation des apprentissages collectifs, de « montage » des dispositifs juridiques, financiers ou tout simplement relationnels de coopération). Tout cela dépasse largement la position.

4 Ce qui ne signifie pas qu'il doive s'agir d'une institution lourde. Dans une ville moyenne de Suisse qui a dû se redresser après une crise économique grave, ce lieu spécifique se résume à un service d'une personne, mais il joue bien son rôle.

5 L'expression est prise au vocabulaire des entreprises. Elle signifie dans ce cas que les apprentissages collectifs et l'élaboration d'une stratégie nécessitent l'élaboration d'instruments de connaissance spécifiques et que ceux-ci ne découlent pas de la seule expérience acquise, de la connaissance du terrain ou de celle des procédures en vigueur. Ils demandent un travail d'élaboration systématique. Celle-ci n'est pas la simple production d'information (étude) elle est également la construction de problématiques, d'instruments de connaissance et leur mise en œuvre dans la préparation de la décision. Les agences d'urbanisme ou les services de l'État (dans le cadre des « études générales ») pouvaient contribuer à cette fonction. Le « Livre blanc » de l'*Urban Task Force* présidée par Lord Rogers (1999) en Grande-Bretagne s'inscrit dans une démarche du type recherche-développement.

– la visibilité de la ville et donc l'affirmation de son discours et de sa symbolique pour ses clients, ses concurrents et pour ses habitants et usagers. Il s'agit de produire à la fois une image pour l'extérieur et des références communes pour les acteurs de la ville, c'est-à-dire un discours auquel adhèrent les acteurs et dans lequel ils se reconnaissent mais qui constitue également une sorte de feuille de route, de programme d'action partagé ;
– cela va de pair avec une matérialisation aussi visible que possible de la ville-acteur : elle doit avoir ses lieux, ses structures matérielles. Il existe par exemple une réelle différence entre la matérialité « objective » d'une agglomération et la matérialisation de la ville-acteur qui est plutôt un réseau reliant différents lieux situés sur le territoire de cette agglomération. Un des enjeux de l'intercommunalité française est de gérer les relations entre les deux. Les exemples qui viennent à l'esprit sont ceux qui portent la plus forte charge symbolique, donc des objets emblématiques tel le musée Guggenheim de Bilbao, déjà évoqué, mais ce ne sont pas les meilleurs. À Birmingham, la ville-acteur ne s'exprime pas seulement dans le geste architectural du nouveau centre commercial [1], mais dans l'ensemble de la restructuration du Bull Ring : toute une recomposition du centre de la ville qui concerne l'espace public, les transports, les activités. C'est la cohérence de l'ensemble et la rupture que représente l'opération avec un passé de déliquescence qui constituent l'expression de la ville-acteur ;
– la force de la coalition et de ses dispositifs de pilotage. La qualité de ces derniers est pour une bonne part une question de design institutionnel. En revanche, la force de la coalition, si elle dépend du dynamisme de l'entrepreneur de coalitions et du potentiel de mobilisation des acteurs locaux, est également liée à la capacité de relier la stratégie de la ville-acteur à la demande sociale. Cela signifie par exemple qu'une stratégie de ville-acteur qui s'appuie à un moment sur une amélioration des services ou qui produit des lieux emblématiques auxquels tous les habitants ont accès et sont sensibles, a plus de chances de mobiliser les acteurs locaux et de bénéficier d'un fort soutien.

Les friches portuaires : un cas emblématique de renouvellement urbain

La constitution de la ville-acteur apparaît comme une méthode indispensable pour développer les villes dans un contexte incertain et ouvert. À cela correspond la démarche d'un urbanisme de projet lorsque la ville-acteur crée de nouveaux espaces ou transforme radicalement des espaces existants. Dans le contexte de la ville postindustrielle, notamment européenne, le renouvellement urbain et en particulier les grandes opérations de réaménagement des friches industrielles, militaires, ferroviaires ou portuaires, constitue, dans la perspective d'une stratégie de développement local concurrentiel, l'enjeu majeur d'un urbanisme de projet conduit par une ville-acteur. On s'appuiera ici plus particulièrement sur le cas des friches portuaires.

---

[1] 110 000 m^2 contre environ 40 000 au forum des Halles.

Le « renouvellement urbain »[1] se présente souvent comme une sorte de politique sociale destinée à réparer les blessures de la ville qui sort de la période industrielle, en particulier celles liées à l'habitat des classes productives de l'ancien système, mais il vaut mieux le définir comme l'ensemble des actions destinées à organiser cette mutation urbaine. Ainsi défini, le renouvellement urbain développe quatre thèmes principaux : le traitement des grandes zones d'habitat social dégradées construites après la deuxième guerre mondiale ou, dans certains pays, antérieurement ; l'intervention sur les « poches » de grande pauvreté situées dans les centres anciens et délaissés de certaines villes ou dans la « première couronne » des banlieues ; la restructuration (ou la structuration) de l'espace des agglomérations par la réorganisation des centres ou des « centralités » et par l'amélioration des systèmes de déplacement ; la revalorisation des grandes « friches » abandonnées par l'industrie, les chemins de fer, les installations portuaires ou l'armée.

Le réaménagement des friches est symbolique de ce passage à la ville postindustrielle. Il constitue souvent un enjeu important pour l'avenir des villes quand les espaces délaissés sont de grande taille et bien situés, aptes à geler des valeurs urbaines en quantité si l'on ne fait rien et à créer des valeurs urbaines en aussi grande quantité si on les traite de manière pertinente. L'augmentation récente et durable du trafic maritime mondial donne une coloration particulière aux friches portuaires, pour des raisons symboliques, mais également parce que les autorités portuaires disposent d'une réelle puissance économique. En effet, dans beaucoup de villes, les friches correspondent non à un déclin du port, mais à un déménagement vers des espaces plus favorables aux conditions d'exploitation contemporaines dans un contexte de croissance. Cela peut favoriser la réalisation de grands investissements sur ces espaces délaissés. D'autant que l'évocation du port n'entraînera pas celle de la crise ou de l'obsolescence. En outre, la symbolique de l'eau fait recette dans bien des cultures et cela encourage les investissements dans tous les équipements qui lui sont liés. Les espaces abandonnés se trouvent souvent très proches du centre historique des villes concernées, ils sont vastes et peuvent permettre le développement de nouvelles centralités, avec notamment des espaces commerciaux ou culturels. Ils peuvent également accueillir des habitations ou des espaces voués aux activités économiques en développement. En outre, l'aménagement des friches portuaires est largement médiatisé à l'occasion de grands concours d'architecture et d'urbanisme. Les autorités locales s'y impliquent fortement, les grands investisseurs ou promoteurs en font des vitrines. On y parle très souvent de projet urbain et, parmi les opérations urbaines récentes ou en cours les plus spectaculaires, beaucoup concernent des friches portuaires : Boston, Montréal, Gênes, Bilbao, Rotterdam, Copenhague, Nantes, Marseille et bien d'autres. C'est dire que l'aménagement des friches portuaires produit un effet de loupe qui facilite la réflexion sur la place du projet urbain dans la montée en puissance des villes.

---

[1] Cf. à ce sujet Piron O. *Renouvellement urbain, analyse systémique*, PUCA, Paris, 2002 et, pour le modèle américain, Bellush J., Hausknecht M. *Urban Renewal : People, Politics and Planning*, Anchor books, Doubleday and co. N.Y., 1967. Dans une autre perspective : Hazel G., Parry R. *Making cities Work*, Academic Press, 2004.

Quel que soit leur degré de réussite, toutes les interventions sur des friches portuaires s'inscrivent dans une problématique commune qui se résume en cinq points :

a) Le territoire concerné bénéficie d'une localisation qui le rend fortement valorisable, notamment parce qu'il se trouve proche de lieux centraux, qu'il est au bord de l'eau et qu'il est (au moins potentiellement) très accessible. Mais ce potentiel est, au départ, gelé par une occupation industrielle grande consommatrice d'espace, peu accueillante à d'autres activités – souvent « extraterritoriale » – et dont l'image n'est guère attractive. Une fois les activités portuaires totalement ou partiellement parties, l'objectif est de faire entrer ce territoire dans un jeu concurrentiel avec d'autres villes qui conduira à une forte valorisation du sol [1]. Cette valorisation s'inscrit dans un processus de production de valeurs économiques, symboliques, d'usage qui augmentent l'attractivité [2], mais elle est également indispensable à la production urbaine : la prise de valeur foncière est habituellement un élément important de l'équilibre financier de l'action [3]. En outre, les plus values fiscales obtenues contribuent souvent à équilibrer les coûts entraînés par le fonctionnement des équipements publics. Cette valorisation se développe autour des activités de service ou de commandement économique [4], de commerce, des loisirs et de la culture, de certains segments de la fonction résidentielle, parfois du développement d'activités de recherche-développement dans des secteurs industriels de pointe (informatique, multimédias, biotechnologies...). Elle s'opère dans un rapport complexe avec la ville : les espaces portuaires concernés, outre leur abandon, sont habituellement ignorés des habitants et leur voisinage est souvent occupé par des zones pauvres et qui vivent difficilement. Cela signifie que les interventions risquent de ne pas réussir si elles ne prennent pas en compte le territoire avoisinant et si elles ne se préoccupent pas fortement de questions d'image.

b) Les friches portuaires sont vastes, souvent plusieurs centaines d'hectares. Elles comprennent beaucoup d'espaces « vides », mais également des constructions difficiles à détruire et possédant parfois une réelle valeur patrimoniale (au sens culturel). Les stratégies d'aménagement consistant à produire du terrain urbanisable vierge sont habituellement irréalistes. Il s'agit plutôt de réutiliser, de remodeler, de reconquérir... L'aménagement des quais et jetées, la réaffectation des silos, l'ouverture des espaces portuaires vers la ville sont autant de problèmes récurrents, sans parler de la dépollution de certains sites. Même si les infrastructures de transport sont nombreuses, elles sont souvent inadaptées et nécessitent des interventions lourdes : on en donnera comme seul exemple le cas de Marseille, où l'opération Euroméditerrannée comporte la démolition d'un morceau

---

1 Elle peut être l'objectif direct recherché par les initiateurs, soit pour réaliser des bénéfices fonciers, soit en raison de l'assiette fiscale ou être traitée comme un moyen pour atteindre un autre objectif, par exemple devenir plus compétitif et créer de la centralité.

2 Mais il faut parfois commencer par augmenter l'attractivité artificiellement pour déclencher le processus, d'où l'importance des investissements publics, en particulier tant que les conditions du retour sur investissement ne sont pas assurées.

3 Cela vaut pour les opérations publiques : aucun acteur public ne peut aujourd'hui se désintéresser du retour sur investissement, tout au plus peut-il accepter que celui-ci se fasse dans des délais relativement longs.

4 Quoi que, selon le système concurrentiel dans lequel elles se situent, certaines villes puissent jouer le développement du *back office*, c'est-à-dire du service au commandement.

d'autoroute en viaduc, pour le faire passer en tranchée couverte [1]. Il est en outre habituel que l'on associe de telles opérations avec le développement ou la transformation du système de transports en commun.

c) La réussite de ces opérations passe par leur association avec l'innovation : c'est toujours la stratégie choisie par leurs initiateurs. Cela signifie qu'elles doivent capter d'une part l'innovation technologique et économique, d'autre part le mouvement de gentrification urbaine. La « classe créative » est, pour une part, le moteur de telles opérations [2]. Ceci implique une stratégie spécifique d'aménagement des friches, notamment de l'utilisation du patrimoine bâti qui se prête par exemple assez facilement à la création de lofts ou d'ateliers d'artistes, ou encore à l'organisation d'espaces d'accueil pour des entreprises nouvelles. C'est ainsi que l'occupation provisoire de locaux industriels abandonnés par des entreprises en cours de création (des *start up* les plus technologiques aux entreprises de service à la limite de la légalité) peut s'avérer un instrument de développement très efficace. Il est également significatif que dans le domaine résidentiel des opérations qui réussissent jouent sur une certaine réutilisation de locaux (entrepôts) existants, dans le style loft, et soient ciblées sur une clientèle de jeunes couples diplômés [3] qui disposent d'un faible capital mais peuvent s'endetter à long terme.

d) Il s'agit toujours de travailler fortement sur l'image. Cela pose trois problèmes, souvent liés :

– celui de « l'équipement majeur » [4] : il doit associer un programme fortement attractif et une forte capacité de faire image, ce qui conduit souvent à choisir un grand équipement culturel et une « vedette » de l'architecture (c'est le cas avec le musée de Boston, le musée Guggenheim de Bilbao et bien d'autres [5]) ;

– celui des activités de loisir, et en particulier de celles qui ont une relation avec l'eau. Certes, l'installation de grands aquariums est sans doute une mode ou une solution de facilité, mais cela n'empêche pas qu'ils attirent le public et contribuent aux transformations de l'image de l'espace portuaire. L'association entre commerce et activités de loisirs (et éventuellement culture) est l'une des voies actuellement explorées ;

– celui de l'espace public. Ces vastes territoires (surtout si l'on y associe les quartiers voisins) sont déjà organisés, mais dans une logique qui ne convient plus. Si l'on garde une bonne partie des constructions et des réseaux, il faut trouver les moyens de faire apparaître fortement la nouvelle logique d'organisation et les

---

[1] La même question se pose à Gênes, mais elle n'est pas résolue. À Boston ou Montréal on couvre des autoroutes qui traversent le centre historique en même temps que l'on valorise les friches portuaires...

[2] Le danger, que soulignent certains chercheurs nord américains face à l'effet de mode déclenché par les travaux de Florida et auquel semblent succomber certaines villes nord-américaines, est de surestimer cette influence.

[3] Parmi lesquels ceux qui occupent des emplois à forte dimension de créativité peuvent représenter une part significative, mais sans plus.

[4] Terminologie rencontrée plusieurs fois.

[5] Bien entendu, la problématique de l'équipement majeur n'est pas spécifique aux friches portuaires, on la retrouve notamment dans des villes nouvelles (Louvain La Neuve avec l'Aula Magna) ou des opérations d'aménagement de friches industrielles ou ferroviaires (Paris rive gauche), mais elle est toujours liée à des problèmes de création de valeurs qui sont particulièrement nets lorsqu'il est question de friches et surtout de friches portuaires.

nouvelles significations qui vont avec. Cela passe très habituellement par une action soutenue sur l'espace public [1].

e) La réponse aux contraintes et la réalisation des objectifs supposent une organisation spécifique de l'action qui permette de coordonner une multiplicité d'acteurs, de drainer des investissements très divers (en général dans des partenariats public-privé), de créer des cadres juridiques, financiers et techniques particuliers, de cumuler un grand nombre d'expertises et d'informations, enfin de commander et piloter des interventions de nature très variable sur la longue durée. On ne réussit pas de telles opérations si le pouvoir municipal ne les soutient pas fortement et si elles ne bénéficient pas de l'accord d'une partie significative des milieux économiques et des leaders d'opinion locaux. L'autorité portuaire ne peut y suffire ; en revanche, elle constitue souvent un partenaire essentiel. Dans le cas français, l'intervention d'une intercommunalité forte s'avère indispensable et, quel que soit le pays, les questions posées impliquent toujours l'échelle de l'agglomération. Il est donc nécessaire de créer des structures et de constituer des équipes qui pourront organiser et conduire l'action, souvent sur plusieurs dizaines d'années. La tradition française conduit à voir là les caractéristiques même d'une opération d'État. En définitive, même dans un contexte d'État fort, à partir du moment où il existe un réel dynamisme local et où l'investissement privé concourre largement à une opération, il n'est pas certain que l'État soit l'acteur le mieux placé pour assurer la conduite du projet. Il s'agit plutôt de créer une coalition de projet – regroupant institutions, investisseurs, groupes de citoyens – aussi forte que possible et de la doter des moyens techniques et juridiques d'assumer sa responsabilité. Cela correspond largement à ce qu'en France on appellera un dispositif de maîtrise d'ouvrage urbaine.

Ville-acteur et projet urbain

Les grandes opérations sur les friches portuaires en particulier et les projets urbains en général expriment un choix stratégique. Celui-ci a souvent été élaboré avant que se constitue la ville-acteur, mais il contribue à la constituer et en devient l'expression. À Bilbao, Barcelone, Lyon, Marseille et ailleurs, les grandes opérations sont directement liées à des choix explicites, souvent de l'ordre de la géopolitique [2]. Elles servent, avec un inégal bonheur, à mobiliser les acteurs du développement local et plus généralement ceux qui constituent la coalition de la ville-acteur.

Les programmes de ces opérations consacrent au moins un aspect à la recherche d'avantages différentiels. L'objectif initial d'Euralille était, par exemple, d'offrir des bureaux particulièrement accessibles de Paris, Londres et Bruxelles, dans un ensemble immobilier offrant des prestations et des services de très grande qualité et à un prix très concurrentiel par rapport aux trois capitales. En toute logique, cela

---

1 Défini ici par le fait qu'il est d'usage public, quel que soit son statut juridique exact.
2 Ils renvoient notamment à un enjeu de structuration de l'espace européen (et méditerranéen) : quelles seront demain les villes d'envergure européenne (et l'on peut imaginer qu'il est avantageux de jouer sur ce marché-là si l'on peut) et les villes dominantes de la Méditerranée ?

devait attirer le *back office* des firmes installées dans les capitales. Les aléas du marché ont rendu les choses plus complexes... Cette réflexion est plus ou moins importante et aboutie [1] ; elle est toujours présente.

Les grandes opérations font toujours l'objet de dispositifs spécifiques, en particulier avec la présence d'organismes et d'équipes de management de projet qui, dans les meilleurs cas, sont très présentes dans la réflexion stratégique et la démarche de la ville-acteur. Une grande opération ne peut réussir que si elle est pilotée par une équipe capable d'assurer la continuité et la cohérence tout en s'adaptant sans cesse aux effets de l'action et aux aléas divers. Ce type d'équipe, que l'on trouve presque partout et qui est souvent totalement distincte de l'administration locale [2], capitalise des savoir-faire et développe des comportements qui s'inscrivent totalement dans la logique de la ville-acteur. Du coup, même si telle n'est pas véritablement leur mission, elles jouent le rôle « d'entrepreneur d'action collective » ; elles prennent une place importante dans la construction du dispositif de la ville-acteur et contribuent à solidifier la coalition correspondante. La France n'offre pas toujours les meilleurs exemples de ce type de coalition. La ville-acteur y reste souvent entre les mains d'un très petit nombre de gens, par exemple le seul pouvoir municipal. Celui-ci organise des dispositifs techniques et des équipes de conduite de projets. Il mobilise des partenaires extérieurs. Ces derniers ont intérêt à ce que l'opération réussisse à partir du moment où ils s'y engagent et contribuent à faire la coalition de ville-acteur [3], mais cela n'empêche pas que la « base sociale » de certains projets urbains est bien faible. Les intercommunalités (communautés urbaines ou d'agglomération) peuvent contribuer à l'élargissement des coalitions de projet, mais leurs caractéristiques institutionnelles (en particulier l'absence de toute élection au suffrage direct) ne simplifient pas les choses. Les grandes opérations urbaines (en particulier celles qui appartiennent clairement à l'urbanisme de projet et ont des enjeux – notamment économiques – très forts, comme l'intervention sur les friches portuaires) n'en restent pas moins une excellente occasion de constituer des coalitions de ville-acteur [4].

On l'a vu également, les grandes opérations urbaines permettent de créer des ressources nouvelles et de mobiliser des ressources extérieures. À Montréal, la cité des multimédias est le résultat d'un urbanisme « fiscal » : les entreprises de ce domaine qui s'installaient dans les immeubles désignés bénéficiaient

---

1 Et la manière dont elle est menée, c'est-à-dire sa qualité autant que son importance pourrait être un critère d'évaluation des opérations.

2 Le débat sur l'internalisation de ce type d'équipes aux administrations locales (par exemple sous la forme – utilisée notamment par le grand Lyon et pendant un temps par la Nantes métropole – ou son extériorisation dans des structures *ad hoc*, SEM d'aménagement, nouvelles formules d'établissements publics ou autres) n'est pas tranché et la pertinence des solutions adoptées varie selon la situation locale et la nature des opérations concernées (en particulier des aspects juridiques et financiers). Cependant, le « tout internalisation » paraît illusoire et lorsque cette solution s'avère pertinente, la préservation de l'autonomie et du mode spécifique de fonctionnement d'une telle équipe reste essentielle.

3 Si l'on veut bien me pardonner la caricature, en France, la ville-acteur c'est parfois le maire, son entourage technico-politique et la Caisse des dépôts et consignations. La participation d'organismes (notamment d'entreprises privées appartenant à ce qui fut le secteur du génie urbain) extérieurs à des coalitions d'acteurs est à rapprocher de la manière dont ces acteurs se sont approprié la logique du service public (voir les travaux de Dominique Lorrain à ce sujet).

4 Ce peut être le cas également des grands aménagements de transports en commun (réseau de tramways par exemple), même s'ils rencontrent des oppositions.

d'avantages fiscaux très spécifiques. Il s'agit là d'une création de ressources complexe (car le rassemblement de ces entreprises est également une création de ressources) qui n'est pas de même nature que les dispenses de taxes professionnelles auxquelles nous sommes habitués. La mobilisation de ressources extérieures mériterait un long développement, car elle concerne notamment les relations avec les investisseurs et, plus précisément dans le cas de grands projets dans des grandes villes, des investisseurs internationaux et des opérateurs qui leur sont liés. Cette présence crée des contraintes nouvelles ; elle crée également des modèles et presque des règles du jeu dans la concurrence entre grandes opérations.

Ces grandes opérations, on l'a dit, impliquent des dispositifs et des équipes spécifiques. Les montages divers, les systèmes contractuels se multiplient. Beaucoup sont liés à une dynamique de gestion de risques. La ville-acteur a besoin d'une symbolique et d'un discours, mais également de dispositifs de gestion de risques (financiers, environnementaux, sociaux, politiques...), correspondant à ce que l'on attend sur le marché concerné. En termes de gestion de risques, construire un aéroport n'a rien à voir avec l'aménagement d'une friche portuaire pour le commerce, les bureaux et les loisirs, avec la création d'une technopole, ou avec la requalification d'un grand ensemble d'habitat social.

Sans doute pourrait-on dire que les grandes opérations urbaines à la Française ne sont que modérément constitutives de la ville-acteur et que le raisonnement s'applique mieux à d'autres pays. En revanche, elles sont exemplaires sur le plan de la symbolique. Le discours général sur le projet urbain et les discours particuliers sur les différents projets constituent une machine à produire de l'image et des références communes. Cela fonctionne d'autant mieux que l'association entre patrimoine et modernité, entre emblèmes locaux et grandes symboliques générales est souvent opérée avec habileté, que les solutions retenues concernant l'équipement majeur sont parfois très inventives et efficaces et que le travail sur l'espace public s'est développé spectaculairement depuis quelques années. Ce dernier point en appelle un autre : en France, à cause de l'espace public mais aussi parce que les grandes opérations sont souvent liées au développement de réseaux de transports en commun, l'ouverture des grandes opérations sur l'ensemble de la ville et leur inscription dans son fonctionnement font l'objet de beaucoup de soin. Cela contribue, même quand la coalition est faible et la stratégie concurrentielle incertaine, à renforcer leur caractère de projet urbain.

Conclusion

Les grandes opérations urbaines, dont celles qui concernent les friches portuaires donnent une version emblématique, sont donc au cœur de la dynamique de la ville-acteur. Celle-ci correspond aux nouveaux développements de la concurrence entre les villes dans un contexte de société complexe. Cette dynamique semble créatrice et l'on peut comprendre que les autorités locales les plus responsables et entreprenantes souhaitent s'y inscrire. D'ailleurs, les différentes formes de notations des villes par des experts ou des médias laissent-elles le choix : qui a envie de vivre dans une ville ringarde ?

Pourtant, cette dynamique est également porteuse de difficultés. On mentionnera d'abord le fait de laisser pour compte toute une partie de la population, mais cela n'a rien d'obligatoire : l'action sur l'habitat social ou sur l'emploi n'est pas nécessairement en contradiction avec la recherche des avantages concurrentiels. En revanche, il n'est pas simple d'éviter la constitution d'un jeu très codé de la concurrence entre les villes. Celui-ci reposerait sur l'image et la manière dont elle est accueillie par les professionnels de la communication, sur la réputation des créateurs (artistes, architectes etc.) que l'on mobilise, sur la réussite de quelques événements et sur quelques modes socio-économiques. Réussir dans ce jeu peut avoir des effets positifs, mais on risque de les surestimer au détriment d'un réel contrôle de la dynamique locale et de son orientation stratégique.

La création d'espaces sur-investis symboliquement, économiquement, politiquement, socialement, et ensuite hyper-gérés, est sans aucun doute, productrice de dynamisme, d'attractivité, parfois d'innovation. On ne peut y échapper sous peine de risquer la stagnation. Mais cela entraîne souvent l'abandon ou la sous-gestion de vastes espaces et une (relative) dualisation entre la coalition de la ville-acteur, ses lieux forts et ses réseaux et, d'autre part, une ville à la vie plus lente, pas nécessairement séparée de l'autre mais risquant de l'être, en tout cas mal arrimée. Berlin-Est et Berlin-Ouest disait-on dans une grande agglomération française. Il ne s'agit pas d'un mal inévitable mais d'un problème à prendre au sérieux.

Quoi qu'il en soit, la logique de la ville-acteur et celle du projet urbain sont indissolublement liées. Elles s'inscrivent dans le double processus de concurrence et de domination des villes qui caractérise la période actuelle.

• • • Chapitre 2

Les maîtrises d'ouvrage : des produits et des processus

François Lautier [1]

Préalables

Évaluant les résultats du programme de recherches lancé en 1997 par le PUCA sur « Les maîtrises d'ouvrage et la formulation de la commande », Michel Callon (2001) constatait : ce programme *« a amené ses responsables, par la seule logique de son développement, à reformuler les questions initiales : le titre du séminaire organisé à la fin de l'année 2000 ne fait plus mention de la maîtrise d'ouvrage, montrant par là que les chercheurs ont cherché et qu'ils sont arrivés à la conclusion que cette notion centrale devait être écartée, au moins dans un premier temps, pour laisser place à des concepts plus analytiques ».* Plus secs, Olivier Ratouis et Marion Segaud (2001 a), présentent la recherche qu'ils ont conduite dans ce cadre, indiquaient en commençant : « *Le principal résultat de notre étude a été de remettre en cause l'objet même qu'elle proposait au début : cerner les nouvelles figures de la maîtrise d'ouvrage ».*

La notion de maîtrise d'ouvrage et l'expression « maître d'ouvrage » sont apparues durant les années 1970, lorsque la puissance publique a cherché une meilleure maîtrise des grandes opérations de production de la ville – ou du cadre bâti selon les termes utilisés à cette époque (Lautier, 2000). Ce que recouvrent ces mots ne sera établi clairement que lors de la loi sur la maîtrise d'ouvrage publique de 1985, dite loi MOP : « *Le maître d'ouvrage est la personne morale [...] pour laquelle l'ouvrage est construit »,* il est « *le responsable de l'ouvrage ».* De même, ses responsabilités sont explicitées : « *Il lui appartient de s'assurer de la faisabilité et de l'opportunité de l'opération, d'en déterminer la localisation, d'en définir le programme, d'en arrêter l'enveloppe financière, de choisir le processus selon lequel l'ouvrage sera réalisé et de conclure avec les maîtres d'œuvre et entrepreneurs qu'il choisit les contrats ayant pour objet les études et l'exécution des travaux »* [2]. Tout particulièrement dans le secteur public, mais bien au-delà, le terme est devenu d'usage courant, en subsumant bien d'autres comme promoteur ou

---

[1] Sociologue, professeur à l'école d'architecture de Paris La Villette.
[2] Loi n° 85-704 du 12 juillet 1985 relative à la maîtrise d'ouvrage publique et à ses rapports avec la maîtrise d'œuvre privée, article 2.

propriétaire, et rappelle notamment la position prééminente du maître d'ouvrage commanditaire par rapport à celle, seconde, du maître d'œuvre, missionné. Paradoxalement, si elle est ainsi mise en question aujourd'hui dans son domaine d'origine, la notion de maîtrise d'ouvrage n'avait pas tardé à être reprise dans d'autres contextes. On la rencontre fréquemment dans l'industrie et les services, qu'il s'agisse de relations inter-entreprises (sous-traitance) ou intra-entreprise (relations inter-parties), lorsqu'une unité (entreprise ou service) fait appel à une ou des unités externes (autres entreprises ou autres services) et lui (leur) passe commande pour réaliser quelque chose, objet, processus – ou établir leurs cahiers des charges – dont la première aura l'usage.

Une deuxième remarque à propos de la maîtrise d'ouvrage, souvent répétée et devenue banale, souligne le caractère intraduisible de cette formulation spécifiquement française. Pour être exact, ce constat n'a qu'une portée limitée. La diversité des institutions, des intervenants, des modes d'action est grande aussi bien en France que dans les autres pays. Nous ne reviendrons pas ici sur les rencontres de novembre 1998 [1] qui, en réunissant des acteurs de six pays européens, ont montré qu'au-delà des particularités de configuration et de vocabulaire – lesquelles tiennent aux histoires et aux stratifications institutionnelles des différents pays – les uns et les autres rencontrent des enjeux, des défis, des évolutions relativement proches.

Troisième remarque, un glissement de sens qui concerne directement notre domaine mérite qu'on s'y attarde : il est devenu ordinaire de considérer une « maîtrise d'ouvrage urbaine ». Celle-ci peut se penser et se dire pour un ensemble complexe d'ouvrages plus ou moins disparates, voire, ce n'est pas rare, en l'absence totale d'« ouvrage ». Cette banalisation du terme incite, plutôt qu'à l'abandonner, à regarder les maîtrises d'ouvrage sans s'embarrasser de ce que cette fonction peut comporter de référence aux anciens « maîtres de l'ouvrage » ou à quelque maîtrise supposée plénière. Il s'agit alors de comprendre quelle est cette activité et son rôle dans les processus actuels et en train de s'établir. Déjà, n'est-ce pas, plutôt qu'une activité, un complexe variable d'activités différemment distribuées selon les situations et les cas ? Sans poursuivre en vaine quête ce que pourrait bien être l'essence de la maîtrise d'ouvrage, on s'intéressera donc, en regardant comment elle se pratique, à ce qu'elle devient.

Modalités de la maîtrise d'ouvrage

On observera d'abord à partir de deux exemples comment peuvent se diversifier, se réorganiser, se redistribuer les différentes fonctions traditionnellement associées ou attribuées à la maîtrise d'ouvrage, telles que les énonce notamment la loi MOP. Le centre technique d'une grande entreprise industrielle, récemment achevé, sera notre premier cas : s'il y a maîtrise et finalement ouvrage, ce n'est pas vraiment dans les formes canoniques. Un promoteur de logements sociaux, opé-

---

1 *Cf.* les actes de cette rencontre : « Les maîtrises d'ouvrage en Europe, évolutions et tendances ».

rateur plus classique, n'est plus ce que ses semblables n'ont d'ailleurs sans doute jamais été : rien qu'un maître d'ouvrage. À ces deux exemples, on pourrait en associer beaucoup d'autres. Il nous a cependant semblé préférable de s'y limiter pour mettre l'accent sur ce qui est apparu caractéristique d'une certaine évolution de la maîtrise d'ouvrage ces dernières années, notamment au travers des recherches réunies par les consultations du PUCA et publiées sous son égide.

En restant dans le domaine de la maîtrise d'ouvrage d'édifices, l'évolution la plus sensible concerne sans doute le point de vue sous lequel est analysé ou envisagé un bâtiment. Dès lors qu'une place éminente est donnée, dès la conception, aux « usages », entendus au sens anglais de *customs*, ce sur quoi on peut fonder une stratégie de marketing, bien des édifices, plutôt que comme des ouvrages, peuvent être « vus » comme des supports de services. Alors l'activité de maîtrise d'ouvrage apparaît comme un moment dans un processus dont l'aboutissement, plutôt que l'ouvrage, est le service que rend celui-ci. Le rapide développement du *facilities management* qui reprend à son compte, quoique par une démarche et dans une position stratégique différente, une bonne part des fonctions de la maîtrise d'ouvrage, en est une bonne illustration. Si l'ouvrage est pensé dans le registre du service, comme pour tout service la question des relations entre l'offre et la commande devient centrale. Il en découle pour la maîtrise d'ouvrage des orientations nouvelles ou renouvelées, avec une évolution parallèle de ses méthodes et de l'organisation de ses activités. En particulier, à côté d'une multiplication et d'une diversification des compétences et des expertises, la dimension politique – ou stratégique – de la maîtrise d'ouvrage s'est renforcée ce qui réévalue des positionnements professionnels. Il semble qu'on retrouve ici une propension repérable dans d'autres secteurs d'activité à la formation de professions structurées, organisées et en concurrence les unes avec les autres, dans une position d'offre auprès des décideurs, tendant à atténuer la différence *a priori* entre le versant de la maîtrise d'ouvrage et celui de la maîtrise d'œuvre.

Pour cette analyse, nous ne considérerons d'abord que la maîtrise d'ouvrage des édifices, lesquels peuvent être complexes mais ne font pas entrer en jeu la dimension urbaine avec ce qu'elle comporte d'objets et de déterminations radicalement différents. À la fin de ce chapitre nous chercherons au contraire si ce que nous aurons pu montrer de la maîtrise d'ouvrage d'édifices interroge et, nous l'espérons, éclaire la notion de maîtrise d'ouvrage urbaine ou si nous avons affaire à quelque chose d'autre, seuls les mots rapprochant par facilité sémantique maîtrise d'ouvrage d'édifices et maîtrise d'ouvrage urbaine.

Démultiplications de la maîtrise d'ouvrage

La représentation traditionnelle place le maître d'ouvrage à l'origine du projet. Cette représentation suppose que les choses soient claires lorsque la commande est passée. C'était vrai, encore que cela n'alla pas toujours sans conflits, lorsque les modèles de ce qui devait être construit étaient peu nombreux et régis par des normes implicites ou explicites respectées. C'est parfois vrai aujourd'hui [1], ce ne l'est pas toujours. En outre, trouvant sa légitimité dans le contrat qui lie le « maître de l'ouvrage », vieux terme juridique, au maître d'œuvre, c'est-à-dire à l'entrepreneur-architecte, cette figure du maître d'ouvrage ne dit rien de la suite de l'histoire qui est pourtant l'essentiel. À qui sert le bâtiment – l'implicite cependant souvent inexact étant qu'il s'agit du maître d'ouvrage lui-même – ? À quoi sert-il ? Comment cela intervient-il dans sa conception ? Comment sera-t-il géré et par qui ? Etc.

Le Technocentre de Renault

Le centre technique que Renault a construit à Guyancourt, près de Paris est sans doute un ouvrage. Il en comporte même plusieurs, importants. Ce n'est pourtant pas, pour l'entreprise, sa caractéristique première. Pour elle, le Technocentre est le lieu où s'élaborent les véhicules qui seront construits dans ses usines à travers le monde et où s'étudie leur industrialisation. C'est un outil de travail et tout a été voulu pour faciliter celui-ci, y compris dans ses aspects symboliques et esthétiques. L'histoire de cette réalisation réunit tout un ensemble de questions sur le statut et la pratique de la maîtrise d'ouvrage – en l'occurrence celle de l'entreprise à la fois commanditaire et utilisatrice du centre – et, parallèlement, sur ses relations à la maîtrise d'œuvre.

Les avatars d'un projet

À la fin des années 1970, Renault continue de délocaliser l'essentiel de la fabrication des véhicules vers différents sites en régions ou à l'étranger. 200 000 m² allaient être libérés à Boulogne-Billancourt. Au terme de ce mouvement, ne resteraient sur place, outre divers bâtiments administratifs dont le siège, que les « méthodes », c'est-à-dire l'activité d'industrialisation des véhicules (définitions de *process*, d'outillage, etc.) après qu'ils ont été étudiés et arrêtés par les « études » (définition du produit à fabriquer), elles-mêmes sises à Rueil. En 1978, la direction générale de Renault demande à la petite équipe de l'une de ses filiales ayant une expérience de programmation, de proposer une démarche pour la reconversion du site dans les six à sept années à venir. Un « Livre blanc » est rédigé. Il propose de regrouper sur le site de Billancourt et les « études » et les « méthodes ». Cela traduit la rencontre d'une opportunité foncière, la libération de surfaces à Billancourt, avec le sentiment d'une amélioration souhaitable du fonctionnement de l'entreprise, résultant de rencontres et de discussions avec un certain nombre d'ingénieurs des différents sites. Cependant, la consolidation de cette proposition, qui aurait dévoilé à un moment jugé inopportun la délocalisation définitive des unités de production, est ajournée sans date ni publicité.

Ce n'est que neuf ans après, en 1987, et non sans qu'entre-temps d'autres projets d'emploi du site aient germé, produisant beaucoup d'images et quelques ouvrages, que la question d'un centre technologique redevient non seulement pensable mais nécessaire et que la direction générale de l'entreprise la remet en

---

[1] C'est ainsi qu'est généralement lue la loi MOP, même si celle-ci autorise des lectures plus riches. On trouvera par exemple une tendance au premier type d'interprétation dans Martin, 2000.

discussion. Après un an d'études, en novembre 1988, le président affirme l'importance capitale du projet pour l'avenir de l'entreprise. Ce n'est pas le déplacement nouvellement envisagé du centre technologique à venir de la ville vers les champs, avec les avantages notamment fonciers que l'on peut en attendre, qui en a rendu l'idée souhaitable. Entre-temps, la façon d'envisager la conception d'un véhicule automobile a changé. Renault réforme ses méthodes de management et tout particulièrement de management des projets, ce à quoi travaillent « Études » et « Méthodes » qu'il devient indispensable de rapprocher (Midler, 1993). Trois objectifs prioritaires sont affichés : raccourcir les délais d'étude ; améliorer la qualité des produits ; diminuer les prix de revient. De nouvelles organisations du travail ont été expérimentées. Il faut un lieu qui convienne à ces nouvelles façons de faire. L'idée qui dix ans auparavant avait paru intéressante aux programmistes qui, n'ayant pas reçu d'orientations bien définies, avaient essayé de comprendre quels étaient les besoins et les souhaits des ingénieurs, est reprise comme un projet majeur pour toute l'entreprise.

Un directeur de projet est nommé, une personnalité forte, directement reliée au président de l'entreprise, avec de larges pouvoirs, éventuellement dérogatoires aux règles communes, notamment en matière financière. Une équipe est formée : elle réunira petit à petit quelque soixante-quinze personnes aux compétences diverses. Ceux qui ont depuis longtemps assuré les études de programmation les poursuivent, les affinent, les précisent avec le concours des opérationnels internes et d'experts extérieurs. Le projet n'est pas celui d'un bâtiment mais celui d'un site industriel, site d'étude en l'occurrence. Il dépasse très largement la dimension ordinaire des investissements immobiliers de l'entreprise et y échappe totalement pour ce qui concerne les objectifs organisationnels et stratégiques qui lui sont assignés. Il doit réunir plusieurs milliers de personnes, dans un ensemble complexe de bâtiments. Une « consultation d'urbanisme en vue de l'établissement du schéma directeur » du site est organisée. Une équipe d'architectes est retenue, sous l'appellation d'« architectes de site et de coordination ». Elle sera par la suite associée de façon permanente à l'équipe projet : elle a en charge de maintenir la cohérence urbanistique et architecturale de l'ensemble. C'est notamment elle qui, dans un deuxième temps et à côté des programmes fonctionnels et techniques fort développés réalisés par l'équipe projet interne à l'entreprise, aura la responsabilité de préparer, d'étudier et de définir pour le concours de chacun des bâtiments à édifier un « cahier des charges d'architecture et d'urbanisme ». L'un d'eux, le plus important, sera d'ailleurs confié aux architectes « du site » qui changeront alors de rôle et reprendront plus classiquement celui de maîtres d'œuvre. C'est en 1998, vingt ans après les premières ébauches, dix ans après que le processus a vraiment commencé que les utilisateurs se sont installés au Technocentre (Bonnefous 1998) et depuis l'entreprise Renault a considérablement diminué la durée d'étude de ses véhicules.

Des maîtrises entrecroisées

Si les fonctions classiques de la maîtrise d'ouvrage se retrouvent dans ce projet et y sont satisfaites, il est facile de voir à quel point une représentation du maître d'ouvrage qui se fierait simplement à la notion de maîtrise ou même à celle d'ouvrage est ici inadéquate. La maîtrise du projet est pour le moins partagée. Sans doute à des moments essentiels, la direction générale, le président décident. Cependant ces décisions ne sont rendues possibles que par les élaborations antérieures, lesquelles peuvent avoir eu d'autres intentions, d'autres objectifs. Une bonne part d'entre elles prend source dans des préoccupations qui n'ont rien à voir avec quelque ouvrage que ce soit mais participent de l'évolution propre de l'entreprise. L'essentiel était la mise en place des nouvelles formes d'organisation du travail devenues indispensables dans la conception et l'industrialisation des véhicules. Les études ont proposé à cet enjeu industriel primordial une localisation et une organisation spatiale possibles. La décision formelle en est l'acceptation. Elle aurait pu en être le refus, conduisant à de nouvelles études proposant un nouveau choix, la « décision » ne pouvant guère que l'entériner ou le rejeter.

Dans un second temps, la décision étant prise, la situation prend un tour plus classique. Le directeur de projet nommé assume, par délégation, la responsabilité des fonctions de maîtrise d'ouvrage. Cependant, la programmation fonctionnelle – ce qui dessine le futur fonctionnement du centre, avant même de concevoir des bâtiments – conserve par rapport à lui une grande autonomie. C'est toujours l'objectif industriel qui est premier, pris en charge par cette programmation, résultat des élaborations antérieures, appuyée sur de nombreux échanges avec les acteurs opérationnels de l'entreprise et aidée de nombreuses collaborations extérieures. L'ouvrage ou plutôt les ouvrages en découlent. Dans la phase de mise en œuvre, on rencontre de nouveaux brassages. Par exemple, Renault a décidé de s'impliquer très fortement dans la maîtrise d'œuvre : les techniciens internes ont collaboré avec ceux des maîtres d'œuvre ou des entreprises constructrices. L'équipe d'architecte « du site » participe à l'ensemble des discussions concernant le projet et dispose, dans les relations avec les équipes de maîtrises d'œuvre des bâtiments, d'une autorité que lui délègue l'entreprise. De même, elle est associée à la réception des bâtiments, attribution éminente du maître d'ouvrage.

Si la figure du maître s'évanouit, toute la question est bien qu'il y ait une maîtrise. Le paradoxe de cette réalisation, si tant est qu'on doive le considérer ainsi, est dans ce double enjeu : l'affaire de toute l'entreprise, mais fortement et donc étroitement tenue afin de maîtriser l'essentiel. Au long processus ont concouru des acteurs internes ou externes aux positions diverses, avec des glissements de l'une à l'autre. On peut sans doute analytiquement y distinguer des actions qui relèvent des fonctions de maîtrise d'ouvrage, d'autres de celles de maîtrise d'œuvre. Pour certaines, la séparation est claire ; pour beaucoup d'autres elle est peu évidente et surtout semble inutile, voire néfaste. Le projet repose sur l'ensemble de ces contributions comme il est celui de l'ensemble de ces acteurs.

L'exemple du Technocentre peut sembler exceptionnel. Il est en effet d'une dimension rare ; cependant, bien des réalisations d'entreprises ou d'organisations assimilables s'élaborent avec des préoccupations et, toutes choses égales par ailleurs, des méthodes semblables. L'immobilier commercial, que nous n'aborderons pas ici, serait à cet égard un exemple intéressant. Les études qui président à l'implantation d'un hypermarché ou à l'aménagement d'un grand magasin sont souvent considérables, entrecroisant là aussi les responsabilités, avec des finalités qui, déterminant fortement l'ouvrage, ne relèvent en rien d'une logique « bâtiment »[1]. Pour autant, la complexité et la diversification des fonctions de maîtrise d'ouvrage n'intéressent pas seulement ceux que l'on considère comme des

---

[1] On peut par exemple se souvenir du Zola de *Au bonheur des dames*.

maîtres d'ouvrage occasionnels, construisant pour eux-mêmes et n'en faisant pas profession – encore qu'une grande entreprise industrielle ou commerciale a affaire à du bâtiment de façon régulière, voire permanente, avec souvent un savoir-faire que pourraient lui envier bien des maîtres d'ouvrage patentés.

L'élaboration de logements sociaux

« Plus que la formulation ou la reformulation de la commande, c'est sa maîtrise qui est au cœur de la mission du maître d'ouvrage, mission qui dépasse la question de la construction et du projet architectural, même si ce dernier y participe largement ». S'intéressant au logement social, Jacotte Bobroff (2001) poursuit ainsi en constatant que les maîtres d'ouvrage de ce secteur *« sont conduits à élargir leurs interventions et missions »* et à *« reconsidérer leur fonctionnement ».* S'ils doivent ainsi évoluer, c'est d'abord parce qu'ils ne peuvent agir sans prendre en considération les habitants et leurs usages, non seulement dans les principes à mettre en œuvre, mais de façon concrète en écoutant leur expression, en étant attentifs à leurs contraintes, leurs demandes, leurs plaintes.

Dans le Nord de la France, une société d'HLM, SIA Habitat, produit quelques 400 logements par an, ce qui représente environ 2 % du parc de 22 000 logements qu'elle gère. C'est aujourd'hui une proportion respectable de constructions neuves dans ce type d'activité. Néanmoins, et comme la plupart des organismes semblables, ce qui est prédominant dans son fonctionnement quotidien et occupe l'essentiel de son personnel n'est pas la construction mais la gestion de son patrimoine et de ceux qui l'habitent. La société est l'héritière d'un parc de logements qu'avaient construit pour leurs salariés les Charbonnages de France. La mine est fermée et économiquement comme socialement la région a changé. Gérer le parc, c'est assumer cela et maintenir la qualité des logements ainsi que, autant que faire se peut, la qualité de la vie commune. Les gestionnaires de ce parc se trouvent ainsi investis de fonctions nouvelles ou renouvelées, avec des responsabilités élargies. Cela a imposé à l'entreprise de penser spécifiquement sa façon de remplir ses fonctions de maîtrise d'ouvrage de construction, que nous distinguerons ici de son rôle de gestionnaire du parc. Dans son essence, cela tient en peu de mots : au lieu que ce soit la construction qui entraîne la nécessité de gérer le parc offert au public, c'est de sa gestion qu'émanent les principes qui régissent la construction.

Comme d'autres constructeurs, cette société dispose d'un document ayant « *pour objectif de définir les caractéristiques des logements individuels et collectifs <u>exigées et souhaitées par le maître d'ouvrage</u>* » (souligné par l'entreprise). Confié aux maîtres d'œuvre, il contient sur une trentaine de pages une nomenclature de prestations à respecter et un descriptif sommaire de celles que la société exige. Ce document a été élaboré à partir de trois « sources » principales : la réglementation (urbanisme, DTU, etc.) ; l'expérience des responsables de la construction du côté maîtrise d'ouvrage et des déboires qu'ils ont connus ; et des agents « commerciaux » c'est-à-dire agissant sur le terrain et notamment animant et appuyant les gardiens d'immeubles, principaux intermédiaires entre les habitants et la société. D'une certaine façon, par ce biais et quoiqu'indirectement, ce sont les habitants eux-mêmes qui participent à l'élaboration des programmes de logements : bien des indications pratiques dont la mise en œuvre est exigée n'ont de sens que du point de vue des utilisateurs. Depuis sa création, il y a quelques années, ce document est révisé régulièrement, essentiellement à partir des « retours » des commerciaux, donc des usagers. De même, les représentants des habitants sont régulièrement invités à des réunions et y sont écoutés. En outre, en regroupant le service de maintenance du parc et celui de la construction neuve, la société fait des travaux d'entretien et des doléances d'habitants une source complémentaire d'information.

Ces manifestations d'attention aux habitants, qui concernent aussi une certaine forme de socialisation dans l'habitat minier que cherche à proroger la société, peuvent apparaître marginales. Il nous semble au contraire qu'il y a là, comme chez d'autres constructeurs de logements – pas seulement sociaux – et même si cela ne bouleverse pas le paysage, un changement important : les logements sont ouvertement pensés et construits pour les habitants, comme l'habitat des habitants. D'une certaine façon, les habitants bénéficiaires de ces opérations sont pensés par la maîtrise d'ouvrage comme ceux dont émanerait finalement la commande, le maître d'ouvrage n'étant alors en quelque sorte que leur « délégué ». Les architectes à qui en est confiée la mise en forme sont fortement impliqués dans les exigences ainsi rassemblées. Manifestement cela ne nuit pas à leur travail : aux yeux des professionnels de la région, architectes et maîtres d'ouvrage, cette société est celle qui présente dans ses réalisations la meilleure qualité. De plus, alors que nombre de logements sociaux, rejetés, inoccupés, grèvent les budgets de leurs constructeurs-gestionnaires, cette entreprise, sans ostentation, se porte bien [1].

Des ouvrages vus comme des services

Dans une large mesure, la maîtrise d'ouvrage n'a pas changé et on ne voit pas pourquoi elle changerait. Il faut toujours définir ce que l'on veut ; il faut aussi des terrains et trouver le financement ; préciser le projet sous la forme d'un programme, d'un cahier des charges ou de tout autre document analogue ; choisir les maîtres d'œuvre et dialoguer avec eux ; faire réaliser le projet par des entreprises qui doivent être payées et, souvent en outre, contrôlées ; de même, il faut réceptionner la chose puis, lorsqu'elle convient, la livrer aux usages pour lesquels elle est prévue et qui lui donnent sens. Pourtant, de nouvelles orientations se dessinent.

Ford a bouleversé la production industrielle, et au-delà la société, en concevant une voiture qui, comme les autres possédait un moteur, des roues, un volant, une carrosserie, etc. La Ford T n'avait rien de révolutionnaire comme voiture, sinon qu'elle a été conçue, en plus d'être une voiture, pour qu'elle puisse être montée par des ouvriers peu qualifiés, en grande série, à un prix particulièrement bas pour l'époque, en se déplaçant sur un convoyeur qui rythme et contrôle l'exécution du travail. Ce n'est pas l'objet qui était différent : la voiture, mais le processus de sa

---

[1] Notre analyse de cet exemple va à l'encontre de celle qu'a proposée Brigitte Guigou (2001) des constructeurs de logements sociaux. Peut-être est-ce ici un cas favorable ; il ne nous semble cependant pas qu'il soit exceptionnel.

production. D'une certaine façon, et sans prétendre à une transformation de même importance, c'est quelque chose de cette sorte qui est aujourd'hui en jeu. Plutôt que de nature, c'est sans doute d'un changement de point de vue qu'il s'agit : regarder un édifice sous l'angle du service qu'il rend n'est pas nouveau ; que ce point de vue soit le principal élément structurant, la façon de le regarder et de le penser l'est plus encore. D'ailleurs, si l'ouvrage est d'abord conçu comme potentialité de services, ce sont aussi les activités de maîtrise d'ouvrage dont le caractère de service, tout aussi classique certes, prend un relief nouveau qui peut conduire à les envisager et les organiser autrement.

Un exemple : le *facilities management*

Voici une trentaine d'années que s'est formé, d'abord aux États-Unis, puis assez vite en Grande-Bretagne, au Pays-Bas, dans les autres pays d'Europe ensuite, un nouveau métier : celui de *facilities manager*. On considère parfois que ce n'est que la nouvelle appellation d'un vieux métier : en France, la fonction qui y correspondait depuis longtemps était celle des « services généraux » ou, en remontant plus loin dans le temps, d'intendance. Cependant, si de nouveaux mots apparaissent qui semblent désigner de vieilles réalités, ce peut n'être qu'un phénomène de mode, cela peut aussi signifier, sous l'apparente permanence, quelque mutation. Comme il est naturel pour une activité récente et en pleine croissance, les définitions du *facilities management* abondent, traduisant des intentions, des objectifs ou des ambitions d'ampleurs variables. Retenons par exemple celle-ci : « *Un système regroupant sous une responsabilité unique la maîtrise globale et optimisée des biens et des services nécessaires à l'exercice de tout métier* » (Gfm, 1995). Ces biens et services peuvent comprendre non seulement le bâtiment, sa maintenance, sa sécurité et les services qui y sont liés (jusqu'au café et aux biscuits accompagnant la réservation d'une salle de réunion), mais aussi les véhicules et la logistique, tout ou partie du système informatique et bien d'autres aspects encore ; des *facilities managers* proposent par exemple de prendre en charge la gestion du personnel. L'idée, simple, est qu'une entreprise doit distinguer ce pour quoi elle est compétente, son « cœur de métier », de tout un ensemble d'objets et de problèmes pour lesquels elle n'est pas la plus qualifiée et qui embarrassent sa vision du métier. Ces derniers relèvent alors d'une activité de support à l'entreprise : le *facilities management*. Pour les professionnels et les théoriciens de cette activité, afin que ces biens et ces problèmes demeurent au long du temps le meilleur service possible du métier de l'entreprise, leurs responsables doivent avoir une aptitude stratégique, laquelle implique notamment que cette activité soit pilotée en articulation avec le plus haut niveau de direction de l'entreprise.

Si, au départ, le *facilities management* est d'abord une activité de maintenance et de gestion, il devient de plus en plus fréquent qu'il prenne aussi en charge l'activité de conception [1] dans chacun des aspects qu'il traite et notamment l'immobilier, dès lors que les objectifs de cette conception sont définis par l'entreprise pour les besoins de développement de son propre métier. Depuis longtemps déjà, des

---

[1] On comprendra que nous ne limitons pas la « conception » d'un ouvrage ou de n'importe quel autre objet à leur seule mise en forme constructible (ou matérialisable). Autrement dit, à nos yeux, la programmation d'un équipement, par exemple, est une forme et un moment de sa conception.

entreprises ont cessé de posséder leurs locaux, en particulier pour des activités tertiaires aux moindres contraintes techniques. Elles ont alors eu recours aux surfaces proposées par les promoteurs spécialisés, notamment sous la forme du « bureau en blanc » (Evette, 1992). Le *facilities management* accompagne cette situation mais en modifie quelque peu l'orientation. Plutôt que de partir d'une offre de bailleur, il veut émaner des besoins de l'entreprise, besoins considérés comme évolutifs, liés qu'ils sont aux transformations et à la stratégie de l'entreprise. D'où l'intérêt – et pour les professionnels concernés, le souhait – d'associer le *facilities management* au plus haut niveau de direction. À ses responsables d'établir les supports, immobiliers ou autres, qui soutiennent l'activité de l'entreprise.

Que cela s'effectue, le plus souvent, en s'adressant à des entreprises extérieures, ne signifie aucunement un désintérêt de l'entreprise utilisatrice pour les locaux qu'elle utilise, aussi bien sur le plan financier que sur celui de la relation entre lieux et usages. Cependant, leurs valeurs, patrimoniales comme symbolique, sont *a priori* pour elle minimales : elles sont là pour servir le travail et c'est un métier d'assurer cette fonction dans les meilleures conditions. Un statut particulier de l'ouvrage et de ceux qui ont la responsabilité d'en décider, notamment de le commander, est ainsi rendu manifeste. Parce qu'ils s'en savent et s'en veulent non professionnels (ou non-experts), des dirigeants d'entreprise confient à des tiers (internes ou externes) qui le sont, les activités de support immobilier – et mobilier. Au-delà de cet exemple, qui cependant en témoigne de façon aiguë, lorsqu'on observe comment s'organisent et agissent les structures exerçant une maîtrise d'ouvrage, trois déplacements significatifs ressortent de façon récurrente. Ils concernent : le rapport entre démultiplication et professionnalisation dans la maîtrise d'ouvrage ; la définition du produit par l'aval plutôt que par l'amont ; le passage d'une logique de l'ouvrage à une logique du processus.

Des professionnalisations aux modes divers

Il est souvent dit, pour le constater ou pour le souhaiter, que la maîtrise d'ouvrage se professionnalise. C'est semble-t-il à la fois exact, des professionnels de plus en plus nombreux et des professions nouvelles y interviennent, et inexact : inexact, parce qu'il y a depuis déjà longtemps des professionnels de la maîtrise d'ouvrage ; inexact aussi parce que nombre de non-professionnels y prennent part à des titres divers et souvent de façon éminente. Le PDG de Renault n'est pas un professionnel de la maîtrise d'ouvrage, pas plus d'ailleurs que celui qui a pris la direction de l'équipe projet du Technocentre. Ce dernier a assumé une fonction stratégique après la prise de position politique du président. De même, le maire qui fait construire une crèche n'est professionnel ni du bâtiment ni des crèches. Ce qui mobilise l'un et l'autre, et ceux qui sont dans des situations de responsabilité semblables, ce sont les services et bénéfices qu'ils attendent de l'ouvrage, de natures organisationnelles, technique, d'image, sociale, électorale, etc. Peut-être auraient-ils pu choisir d'autres formes d'action pour les obtenir. Ayant retenu celle-ci, ils formeront la commande de l'ouvrage à venir, en suivront la réalisation et en régiront probablement l'usage. Néanmoins, cet ouvrage n'est pas pour eux une fin, mais un des moyens de leur politique.

Un des effets de cette situation est qu'une part qui peut être primordiale de ce qui constitue l'activité de la maîtrise d'ouvrage est effectuée par d'autres acteurs que le commanditaire. Si l'essentiel est l'ensemble d'utilités recherchées et que celles-ci doivent durer dans le temps, une fois définie la position politique – ou stratégique si l'on préfère – de la chose, apanage du donneur d'ordre, tout ou presque reste à faire. Peu importe ensuite à qui il est fait confiance ou contrat pour réaliser les objets qui découlent de la décision de construire en leur donnant matérialité et forme, qu'il s'agisse de recherche de site et de terrains, de montages financiers, d'études de programmation, de maîtrise d'œuvre ou de suivi de chantier. Aussi bien retrouve-t-on des intervenants professionnels dans tous ces domaines. Parmi ceux-ci, deux types de fonctions apparaissent, les unes étant plutôt de coordination, les autres plus spécialisées. Pour certaines opérations, notamment publiques, on connaissait le maître d'ouvrage délégué. L'expression est moins utilisée, mais la fonction demeure. Elle prend en responsabilité toute la partie opérationnelle d'une réalisation, en libérant de celle-ci le commanditaire « politique ». Dans d'autres contextes, ce pourra être un *project manager* ou quelque autre personne ou entité assumant ce rôle. Notamment en s'appuyant sur des procédures de partenariat, des modalités de prise en charge globale par un contractant unique ont commencé à se développer, à charge pour lui de sous-traiter ce qu'il n'assure pas lui-même (Lees, 2000), ce qui rapproche la production des édifices de ce que l'on peut constater dans bien d'autres domaines d'activité. À côté d'eux interviennent de nombreux professionnels spécialisés, parfois internes dans les grosses structures, le plus souvent externes : conseils, experts, techniciens divers, notamment maîtres d'œuvre travaillant dans le cadre de la maîtrise d'ouvrage, dans une multitude de champs qui vont du chantier au marketing en passant par la gestion financière.

La conduite par l'aval

Cette professionnalisation et l'étendue de ses champs est, pour une bonne part, rendue nécessaire par le fait que les opérateurs travaillent dans l'incertitude. Lorsqu'a commencé le projet du Technocentre, personne ne savait ce qu'il serait, ni même d'ailleurs s'il serait. Le projet s'est défini en marchant. Pour être moins évidente dans le cas du logement social, la situation n'est pas absolument différente : ce qui va satisfaire les cent communes que la société d'HLM dessert et de façon plus générale ce qui tiendra dans la durée, et ce n'est pas qu'une question de matériaux ou de mise en œuvre, ne sont pas des données *a priori*. Ce sont les intentions puis les objectifs qui sont premiers, non les objets. C'est ce qui est attendu de ce que l'on réalisera qui permet de le définir.

En outre, si les objets de la maîtrise d'ouvrage sont de plus en plus définis par l'usage, les opinions, les demandes ou les attentes des « usagers » connus ou potentiels sont primordiales pour définir ce que sera l'ouvrage. Encore faut-il qu'ils soient exprimés, écoutés, entendus, pris en compte. De plus en plus souvent, pour approcher cet usage futur, seront organisées longtemps avant la réalisation les concertations, discussions, négociations, etc., qui rendront l'ouvrage efficient. À cet égard, on ne peut oublier aussi l'introduction, à côté des maîtrises d'ouvrage, parfois en opposition, de ce que l'on a appelé les « parties prenantes », futurs utilisateurs ou non, voisins, etc., en tout cas personnes ou structures concernées par l'ouvrage à un titre ou un autre. Ils interviennent directement ou, plus souvent, par l'intermédiaire de différents « représentants » formels ou informels, sollicités ou non, professionnels ou non, reconnus ou autoproclamés, ayant ou prenant une responsabilité par rapport à un projet en cours. On ne peut évidemment pas assimiler ces « parties prenantes » aux maîtres d'ouvrage mais l'activité de ces derniers ne peut les exclure ni exclure leurs positions ou leurs interventions, mus qu'ils sont par les effets favorables ou de nuisance qu'ils escomptent de l'ouvrage.

Ainsi, ce sont les modes d'élaboration de l'ouvrage qui évoluent. Diriger cette fonction par l'aval, cela suppose que, d'une façon ou d'une autre, cet aval soit présent, et présent dès l'amont. S'en suivent des études de faisabilité, d'analyse des risques, des esquisses, des expositions et toute sorte de supports et de moyens pour montrer, informer, convaincre. Ceux qui, dans un dispositif plus traditionnel, seraient censés n'intervenir que plus tard dans le processus tendent aussi à remonter vers l'amont. Ainsi fréquemment, des architectes mais aussi des techniciens et experts de différentes disciplines participent-ils, par exemple à travers la formule au demeurant ambiguë d'assistance à maîtrise d'ouvrage, à ces élaborations préalables. Souvent cela ne signifie d'ailleurs pas une nouvelle spécialisation qui les éloignerait de la maîtrise d'œuvre classique mais traduit une sorte de mobilité des positions et de malléabilité des modes d'intervention (Tapie, Courdurier, 2004 ; Chadoin, Evette, 2004). Les mêmes expertises, voire les mêmes personnes sont en effet sollicitées et conduites à agir selon des positions différentes, associées à la maîtrise d'ouvrage ou à la maîtrise d'œuvre, en des moments différents du processus conduisant à l'ouvrage. C'est ainsi, suivant l'expression d'Elisabeth Campagnac (2001), tout un marché de service de la commande qui se met en place.

L'ouvrage et le processus

Ces différents aspects montrent, c'est le troisième point, que plutôt que d'être centrée sur une réalisation ou sur un objet, fut-il un ouvrage, l'activité de maîtrise d'ouvrage est dans bien des cas une partie, parfois une fonction ou un moment, d'un processus qui la dépasse mais la comprend. Nous avons dit le temps qu'il a fallu pour que sorte de terre le centre technique de Renault, temps rempli par de nombreux événements, retournements, abandons, reprises, etc. En fait, c'est la vie de l'entreprise qui était en cause, se déroulant selon ses propres modalités, l'ouvrage longtemps potentiel puis actuel n'étant que le support d'un pari bien plus important aux yeux de toute l'entreprise. Il en va de même pour des équipements collectifs ou pour le logement : la nécessité d'associer ceux qui prennent en charge la gestion du parc de logement et, à travers eux, les habitants, à la conception des futurs logements signifie bien qu'il s'agit là aussi d'un processus continu. On peut à ce propos revenir sur le rôle des gestionnaires. Si de plus en plus souvent ils sont déterminants, c'est que la maîtrise d'ouvrage – sauf le cas des personnes privées faisant construire pour elles-mêmes et encore elles aussi anticipent ne serait-ce que les coûts d'utilisation de leur logement ou l'évolution de leur famille – est, plutôt que la réalisation d'objets successifs dans une temporalité discrète, un processus sans commencement ni fin. L'exemple du *facilities management*, sans qu'il faille en faire une forme obligée ou régulatrice, nous semble de ce point de vue être un bon modèle d'analyse des évolutions en cours dans la maîtrise d'ouvrage. Notons d'ailleurs que dans les pays où il est plus développé qu'en France, dès lors que c'est explicitement autour des utilités – de toutes natures – produites par l'ouvrage (ou l'aménagement) en projet que s'organise la maîtrise d'ouvrage, sont traités sous cette modalité non seulement des locaux d'entreprises mais des équipements publics (hôpitaux par exemple), des administrations (ministères, sièges de collectivités locales, etc.), des parcs de logements et même des ensembles urbains.

Sur la maîtrise d'ouvrage urbaine

Sans vouloir *a priori* séparer ce qui concerne les édifices et ce qui concerne la ville, il nous a semblé préférable, pour ce survol des orientations actuelles de la maîtrise d'ouvrage, de s'en tenir d'abord et principalement aux premiers, d'autant qu'en l'état actuel des choses, la notion de maîtrise d'ouvrage urbaine, pour être parfois utilisée, n'est pas vraiment claire. À lire les différents articles ou ouvrages qui évoquent ces termes, on s'aperçoit vite que les uns et les autres les emploient pour décrire des situations et des positions très diverses. Certains font d'ailleurs l'effort de les supprimer consciemment. Ainsi, reprenant de façon plus ample et moins polémique l'expression guatarienne qu'avait utilisée Jean-Yves Toussaint à l'encontre d'une surprésence supposée des architectes, Ratouis et Segaud (2001 b) utilisent la notion de « *collectif d'énonciation* » (« *une nébuleuse d'acteurs qui s'organisent en collectif d'énonciation* ») tout en précisant que s'il faut le proposer, le rechercher, peut-être le revendiquer, ce collectif a surtout un statut de mythe, voire d'utopie. C'est sans doute dans l'urbain que les confusions que fait surgir la notion de maîtrise d'ouvrage sont les plus aisées. La commande à un bout, l'élaboration de projets et leur matérialisation au milieu, l'usage enfin : si cela est sensé lorsque Monsieur Jourdain faisait construire son hôtel près l'église Saint-Paul, ça ne l'est plus lorsqu'il s'agit de l'aménagement des villes. Ni le destin ni le temps des villes ne sont ceux de leurs bâtiments et, à tous les maîtres d'ouvrage actuels ou potentiels qui s'y consacrent, il serait au moins indispensable d'ajouter les autres, ni décideurs ni experts mais habitants intervenant au titre de leur présence, de leurs usages, de leur avenir.

Diversité des interventions et des points de vue

Dans l'article écrit pour le numéro d'*Espaces et Sociétés* qu'il a dirigé sur le projet urbain, la maîtrise d'ouvrage et la commande, où il se garde bien de s'attarder sur les notions de maître ou de maîtrise d'ouvrage, Alain Bourdin (2001) distingue différentes « natures » d'interventions d'aménagement urbain. La ville, rappelle-t-il, « *se fait à tout instant sous l'effet de micro-actions* », celles d'innombrables acteurs qui n'ont pas la ville en intention mais y agissent et donc la « produisent ». Ces interventions sont le fait de maîtres d'ouvrage multiples, en grande partie occasionnels. Ailleurs, à côté ou au même endroit, on trouve « *les grandes opérations dans des zones délaissées par des activités consommatrices de beaucoup d'espace »*, ports et chemin de fer par exemple. Les collectivités locales sont directement et fortement – mais pas les seules – concernées. Autre modalité, certaines opérations, telle Disneyland, sont dominées par les investisseurs privés ; centrées sur les activités commerciales, elles ont cependant des effets urbains qui peuvent être décisifs. On construit encore, même si ce n'est plus à la façon des années soixante, des ensembles de logements, sociaux ou sur le marché privé. On construit ou on réaménage, on « renouvelle », sinon la ville, du moins des logements, des lycées, des commissariats, des postes, des cinémas, des gares... Des zones d'activité sont aménagées, souvent à proximité de grands équipements de desserte (nœuds autoroutiers, aéroports, *hubs*, etc.). Des voiries sont modifiées pour privilégier les transports publics, on en crée de nouveaux comme le tramway. La liste peut s'étendre.

Pour chacun de ces types d'opérations – et on peut bien entendu affiner l'analyse, montrer d'autres catégories ou sous catégories, des modalités particulières tenant à tel ou tel aspect local, etc. –, on retrouve l'élaboration de projets, des négociations, des conflits, une enveloppe financière, des décisions et, si cela aboutit, la réalisation de quelque chose de matériel, de l'ordre de l'édifice. Cependant, la relation entre cet objet matériel résultant et la ville varie du tout au tout selon comme on le considère. Une bonne part des opérations réalisées en ville n'ont pas d'autre finalité que celles que porte l'édifice : par exemple des logements sur le marché privé. Cependant, elles sont porteuses d'un impact sur la ville, dans une de ses parties ou dans son ensemble : quelques opérations de logements privés, par exemple, feront évoluer les prix fonciers et, au-delà, les caractéristiques de la population d'un quartier. D'autres opérations ont directement pour but un usage urbain, éventuellement une utilité ou un service pour les habitants : ainsi l'éclairage urbain ou un jardin public. Néanmoins, il faut décider du programme du jardin, de son public visé, des usages que l'on veut y favoriser, de ceux qui le mettront en œuvre, etc. D'autres encore, pour n'être que des édifices sans enjeu urbanistique particulier, jouent un rôle urbain éminent, qui intéresse tout ou partie de la vie en ville : c'est le cas de la plupart des équipements sociaux. Les grandes opérations peuvent n'être vues que comme des assemblages de bâtiments plus ou moins spécialisés ou diversifiés. Pour d'autres acteurs, il s'agit d'enjeux majeurs de renforcement des capacités économiques, sociales, d'image, etc., de la ville, de sa projection dans le futur.

Deux points de vue en tension peuvent ainsi polariser le regard sur chaque objet produit : l'un est centré sur l'objet, ses finalités et ses utilités, c'est le point de vue de l'édifice et de ses usages ; l'autre regarde l'objet à partir de la ville, dans la ville, et voit le rôle qu'il joue – sans doute à partir de ces utilités et ces finalités, mais bien au-delà d'elles, articulé avec beaucoup d'autres dimensions – en ayant pour intention non l'objet lui-même, mais bien la ville ou du moins une partie de celle-ci. L'urbain, de ce point de vue, n'est pas un ensemble d'objets mais un ensemble de relations. Ces deux points de vue définissent des positions de maîtrise d'ouvrage, si l'on conserve l'expression, toutes deux légitimes, toutes deux nécessaires et radicalement différentes. Nous rejoignons ici l'analyse que proposait Viviane Claude (2001), soulignant cette dualité de la façon dont « *la maîtrise d'ouvrage est entendue* » : dans le projet de bâtiment, « *construire apparaît* [...] *comme l'acte qui oriente et engage les acteurs* », alors que « *le projet de ville ou plus largement de territoire procède* [...] *d'autres raisons et d'autres conditions. Sa visée n'est pas* a priori *de construire, ce n'est qu'une issue possible parmi d'autres »*. Cependant, nous ajouterons une position intermédiaire : celle que nous avons largement exposée précédemment et qui est à nos yeux essentielle, celle de la gestion de l'objet construit ou du service qui en est attendu qui sont de plus en plus explicitement, avant même l'idée de construction, ce qui mobilise et organise les acteurs. La dualité de la maîtrise d'ouvrage devient donc une triplicité dont les pôles sont : construction, gestion/service, conduite de la cité.

La *pólis* et ses ouvrages

Si l'on accepte ces trois façons d'envisager ce qui est dénommé sous le terme alors trop général de maîtrise d'ouvrage, on peut décliner une double caractéristique de chacune d'entre elles, qui la différencie profondément des deux autres : la spatialité et la temporalité impliquées. On s'attend aussi à ce que les acteurs concernés soient, sinon différents du moins différemment présents, hiérarchisés, organisés. L'opération de réalisation d'un édifice ou de quelque autre objet matériel (une ligne de tramway, la réfection d'un boulevard, la création d'une zone d'activité) est limitée dans le temps comme dans l'espace. Son territoire est étroitement défini par son emprise au sol, éventuellement accompagnée de quelques « cadres » de verdure ou de macadam. La durée de l'activité de maîtrise d'ouvrage est bornée par la décision de bâtir à un bout, par la réception de l'ouvrage à l'autre. Les acteurs sont essentiellement sollicités dans les deux registres professionnels de la coordination et de l'expertise technique (incluant les techniques commerciales et financières).

Inscrire l'objet dans une problématique de gestion ou de service [1] élargit son champ dans ces trois dimensions. La perspective temporelle est celle des utilités et fonctionnalités de l'objet, ce qui peut d'ailleurs conduire dès le commencement à penser flexibilité et potentiel d'évolution. Le territoire de l'objet n'est pas le territoire de son action, nécessairement plus vaste : un centre commercial, un immeuble de bureaux, une piscine, des logements, s'ils sont pensés comme des services, s'ouvrent à un public qui n'y est pas assigné à résidence permanente mais y vient, en part, s'y installe ou l'abandonne, etc. En outre, à côté des techniciens du domaine particulier de l'objet considéré, il y a ceux pour qui et avec qui le service s'établit : le public justement. Certes, le plus souvent de façon seconde et surtout médiatisée, parce qu'on tient compte de ce qu'il exprime ou de ce dont on pense qu'il lui conviendra, ce public agit sur la définition de l'objet, sur les modalités de sa gestion, sur ses éventuelles transformations.

Conduire la cité, à travers de multiples mesures, dont parfois celle de construire, suppose une autre vision. Par définition en quelque sorte, la conduite de la politique urbaine – et plus largement territoriale si on prend en compte des collectivités locales plus importantes, agglomérations, départements, régions – échappe aux limites de temps et d'espace définies par les diverses opérations. Ainsi par exemple, l'évaluation – ou l'anticipation – des effets d'une opération ne peut

---

[1] Nous ne confondons pas ces deux points de vue ; néanmoins, nous les rapprochons ici dans la mesure où ils sont souvent articulés et que sont proches leurs implications sur les caractères principaux de la maîtrise d'ouvrage.

s'effectuer sous la seule considération de son impact direct, même lorsque celle-ci est indispensable. Ainsi, avant toute décision, un projet énoncé ou l'énoncé d'un projet font déjà partie de la réalité locale : il ne s'en suivra peut-être aucune réalisation, l'énoncé joue son rôle. De même, l'intervention – ou l'absence d'intervention – dans un lieu particulier aura des conséquences ailleurs dans la ville (par exemple en matière de transports ou de chalandise), lesquelles ne peuvent être omises même si totalement étrangères à l'opération. Au fur et à mesure que la responsabilité des villes, après une longue période de forte prédominance de l'État, a été rééquilibrée en faveur des pouvoirs locaux, se sont formées des façons d'agir dans la ville qui ne relèvent pas vraiment de la maîtrise d'ouvrage mais plutôt, à travers d'éventuels ouvrages, du développement : aussi bien économique que social, urbanistique ou culturel. Une forme particulière, significative de cette évolution, est le « projet urbain ». Alors, le cœur du projet n'est pas telle ou telle opération, même si celles-ci sont évoquées, mais bien, explicitement, la ville, ou au moins une partie de celle-ci, dans toutes ses dimensions sans que soit définies *a priori* une ou des actions précises. C'est plutôt le projet urbain qui est l'action, sans que cela conduise nécessairement à un aménagement matériel. Ici aussi, le processus l'emporte sur l'ouvrage éventuel, processus orienté dont cependant la fin n'est pas connue.

Cette action intéresse au premier chef les habitants et de façon générale les utilisateurs de la ville. Le « retour du politique » dans les actions sur la ville (Courdurier, Gili, 2000), plus précisément un retour des politiques, est inséparable de l'émergence d'un projet et d'une parole, c'est-à-dire d'une volonté et d'une représentation, des habitants-citoyens sur leur ville et ses aménagements. Leur présence, leur prégnance même en tant que raison d'être des aménagements, est aujourd'hui un des aspects dominants de l'aménagement urbain. Rien d'étonnant d'ailleurs à ce que, à partir de cette position, leur action – ou leurs réactions – atteigne aussi, en remontant de la *pólis* vers les ouvrages, les gestionnaires, les promoteurs, les concepteurs, avec ce que cela induit de risques de toutes sortes qu'une des préoccupations majeures des responsables devient de pallier. Sans vouloir forcer le rapprochement, on peut constater un certain parallélisme des évolutions qui orientent les maîtrises d'ouvrage d'édifices et urbaine : la présence active, même si souvent à distance, de responsables dont la préoccupation et l'intervention sont stratégiques ou politiques ; les contributions multiples de professionnels, les uns coordonnant et assemblant, les autres intervenant de plus en plus en amont dans les processus, lors de la maturation et du cadrage des projets, tout en maintenant leurs rôles dans la mise en œuvre durant les phases directement opérationnelles ; une montée croissante de l'influence et parfois de l'intervention des « parties prenantes », notamment les utilisateurs- bénéficiaires-habitants, que ce soit en tant que « cibles » d'un service ou que principes d'une collectivité. La nécessité de répondre – ou la difficulté à le faire – à ce dernier mouvement, lequel n'a pas le même poids dans tous les pays ou toutes les régions ni dans tous les domaines, aura sans doute une influence croissante sur les évolutions à venir des maîtrises d'ouvrage.

Conclusion

Parvenir ainsi à définir trois « positions » de maîtrises d'ouvrage et donc de maîtres d'ouvrage, montre bien la difficulté que recouvre l'usage de ces expressions. En reste-t-il quelque chose de pertinent ou d'utile ou faut-il alors nous en dégager définitivement ? Dans un premier sens, on se souviendra que la notion de maître d'ouvrage est d'abord juridique. Formée par le contrat avec un ou des maîtres d'œuvre, elle désigne une partie du contrat. Elle est donc contingente et ne saurait suffire à caractériser une personne, que celle-ci soit physique ou morale. Cependant, il n'est pas rare que d'autres que le signataire du contrat de maîtrise d'ouvrage dirigent, contrôlent, assurent même ce que suppose l'activité du maître d'ouvrage. Éventuellement, le maître d'ouvrage juridique mandate une autre personne physique ou morale, le plus souvent professionnelle, pour effectuer ces activités concrètes : nous aurons alors une maîtrise d'ouvrage de caractère opérationnel. Enfin, c'est ce que nous avons développé, cette opérationnalité prend des formes et joue sur des registres eux-mêmes très divers.

Le plus souvent, il existe d'autres mots ou expressions pour désigner chacune de ces formes ou de ces positions. On peut être le commanditaire d'une opération, se contenter à l'anglaise du rôle de **client**, avoir une profession particulière : promoteur, aménageur, enfin être maire ou président directeur général. En outre, les notations précédentes et toute la littérature sur la conception, dans le domaine du bâti et au-delà de lui, nous convainquent que la maîtrise d'ouvrage et la maîtrise d'œuvre, si elles peuvent – et doivent sans doute – demeurer analytiquement distinctes, peuvent de moins en moins être considérées comme des séquences séparées. D'une part, les mêmes professions, les mêmes professionnels souvent, agissent dans l'un ou l'autre de ces registres et, d'autre part, plutôt qu'une succession qui ferait de l'une la suite de l'autre, dès que l'on entre dans le concret des opérations, on voit que ces deux modes d'agir s'enchevêtrent en interactions successives. Cela nous renforce dans l'idée que, sauf à en rester à la seule dimension juridique ce qui en pratique n'est presque jamais le cas, il est préférable de considérer la maîtrise d'ouvrage dans une acception analytique, comme une certaine part d'activités dans un processus d'ensemble plutôt que l'attribuer à un acteur (ou une institution). La reconnaissance de cet état des choses conduit, sans dénier les particularités du domaine du bâti et *a fortiori* de celui de la ville, à tourner le regard vers d'autres secteurs de l'activité économique et sociale. La généralisation du terme de maîtrise d'ouvrage peut nous y aider : sans doute différents, des processus néanmoins similaires se développent dans d'autres situations, dont l'intelligence pourrait servir une meilleure compréhension et un enrichissement des pratiques de la maîtrise d'ouvrage des édifices ou de l'urbain.

Références bibliographiques

Bobroff J., « Formulation du projet architectural : relation maîtrise d'ouvrage maîtrise d'œuvre », dans Bonnet M., Claude V., Rubinstein M., (s/d), *La commande... de l'architecture à la ville*, tome 1, 2001.

Bonnefous G., *Le Technocentre Renault*, Paris, Hazan, 1998.

Bonnet M., Lautier F. (s/d), *Les maîtrises d'ouvrage en Europe, évolutions et tendances*, Paris, PUCA, 2000.

Bourdin A., « Comment on fait la ville, aujourd'hui, en France », *Espaces et Sociétés*, n° 105-106 : projet urbain, maîtrise d'ouvrage, commande, 2001.

Callon M., « Synthèse et évaluation des enseignements du programme de recherche », dans Bonnet M. (s/d), *La commande... de l'architecture à la ville*, tome 2, Paris, PUCA, 2001.

Campagnac E., « La "commande" comme nouveau marché des services : crise ou renouveau du professionnalisme ? » *Espaces et Sociétés*, n° 105-106, 2001.

Claude V., « Aux sources de la maîtrise d'ouvrage : le bâtiment », *in La commande... de l'architecture à la ville*, tome 1, 2001.

Courdurier E., Gili R., *La maîtrise d'ouvrage, le retour du politique*, Paris, PUCA, 2000.

Chadoin O., Evette T. (s/d), « Activités d'architectes en Europe, nouvelles pratiques », édition de la Villette, *Cahiers Ramau* n° 3, 2004.

Evette T. *et alii*, *Les acteurs de la programmation et de la conception des bureaux : l'architecture de promotion*, Paris, PUCA, 1992.

Gfm, *Vous avez dit Facility Management ?*, Groupement pour le *Facility Management*, Paris, 1995.

Guigou B., « La formation de la commande dans le logement social », dans *La commande... de l'architecture à la ville*, tome 1.

Lautier F., « La situation française : manifestations et éclipses de la figure du maître d'ouvrage », dans *Les maîtrises d'ouvrage en Europe, évolutions et tendances*, 2000.

Lees M., « Évolutions du partenariat et des formes contractuelles en Grande Bretagne », dans *Les maîtrises d'ouvrage en Europe, évolutions et tendances*, 2000.

Martin C., *Maîtrise d'ouvrage, maîtrise d'œuvre, construire un vrai dialogue ; la contribution de l'ergonome à la conduite de projet architectural*, Toulouse, Octarès éditions, 2000.

Midler C., *L'auto qui n'existait pas, Management des projets et transformation des entreprises*, Paris, InterEditions, 1993.

Ratouis O., Segaud M., « Aménagement et développement, les "mondes" de la production territoriale », dans *La commande... de l'architecture à la ville*, tome 1, 2001 a.

Ratouis O., Segaud M., « De la "maîtrise d'ouvrage" au "collectif d'énonciation " : proposition pour une nouvelle approche de la production territoriale locale », *Espaces et Sociétés*, n° 105-106, 2001 b.

Tapie G., Courdurier E., *Les professionnels de la maîtrise d'œuvre*, Paris, La documentation française, 2004.

••• Chapitre 3

Conception et réalisation de l'espace bâti : les professionnels de la maîtrise d'œuvre

Guy Tapie [1]

Pour définir le rôle, le statut, les prestations des professionnels de la production du cadre bâti, un langage singulier, légitimé par l'État et les principales organisations professionnelles, s'est constitué distinguant trois pôles d'acteurs. Au pôle client, nommé maîtrise d'ouvrage, est associée la formulation d'une commande (intentions, objectifs, programme). Le pôle de la réalisation matérielle de l'ouvrage est formé des entreprises et des professionnels dédiés à la construction. Celui de la conception architecturale, technique et constructive regroupe, sous le terme générique de maîtrise d'œuvre, de nombreux prestataires dont les plus emblématiques sont les architectes et l'ingénierie privée. D'autres corps de métier en font partie et leur action partagée recouvre l'ensemble des activités destinées à étudier, concevoir, faire réaliser un ouvrage ou un système d'ouvrage et à assister l'exploitant pour sa mise en fonctionnement. La notion d'ouvrage s'applique de manière élargie à une construction ou à l'aménagement d'un territoire. Ces prestataires de services, organisés fréquemment sous forme de professions indépendantes, sont classés sous la rubrique conseil et assistance aux entreprises [2]. Si l'on stigmatise l'archaïsme de leurs modes d'organisation, ces professionnels, soucieux de préserver leur indépendance et leur attachement à la conception, font l'objet d'un examen attentif [3] car ils défendent une identité orientée sur la valeur qualitative de leurs prestations et sur ses effets bénéfiques pour la collectivité, rendant au travail dignité et intérêt. De plus, ils ont individuellement et collectivement quelque pouvoir sur la fabrication de l'espace, en déterminant ainsi les cadres matériels de nos sociétés.

---

1 Sociologue, directeur du Laboratoire professions architecture ville environnement, professeur à l'école d'architecture et de paysage de Bordeaux.
2 Dans les décomptes des activités économiques de l'Institut national des statistiques et des études économiques, celles d'ingénierie et d'architecture font partie des services aux entreprises, en particulier des activités de conseil et assistance (NES 36).
3 Piotet F. (direction), *La révolution des métiers*, Paris, PUF, 2002.

Considérant que d'autres chapitres allaient aborder de façon approfondie les contextes et les dispositifs décisionnels qui conditionnent l'action de ces professionnels (la relation à la société, l'organisation des clients, l'évolution des techniques de travail), l'analyse proposée ici ne couvre pas tous les champs de la pratique, ni la totalité des processus en jeu. Cet état des lieux se réfère à un moment socio-historique singulier dont le point de départ se situe dans les années 1970 et propose une modélisation conçue à partir de comparaisons internationales partielles, souvent une analyse d'expériences de projets ou d'activités. Cette modélisation donne donc à voir le système français comme ouvrant la voie à des approches plus ambitieuses sur le plan comparatif. Une première partie identifie ce que sont ces figures professionnelles. Une seconde suggère leur modernité au regard de trois références : leur capacité à produire du service, le déclin des professions établies et l'émergence de compétences multiples, l'engagement dans des processus de fabrication collective.

Professionnels de la conception et de l'expertise

Propriétés

Ces professionnels se composent de professions établies et de corps de métiers organisés en syndicats ou en groupements ; intermédiaires actifs dans la façon de concevoir bâtiments et villes, ils occupent une place influente dans le vaste champ de la production urbaine, architecturale et constructive. Travail de traduction spatiale des intentions, des désirs et des stratégies de clients, individus, groupes, ou institutions ; travail d'ajustement des espaces aux pratiques ou activités quotidiennes ; travail de symbolisation de signes identitaires collectifs ; travail d'articulation des techniques et des acteurs requis pour la réalisation matérielle. Les architectes, par leur action sur les formes esthétiques et spatiales, l'ingénierie, par ses capacités technologiques, la nébuleuse de conseillers par leurs expertises spécialisées, sont régulièrement enrôlés pour la production de projets architecturaux et urbains [1].

Première propriété de l'action de ces professionnels : fournir des prestations intellectuelles quant aux solutions architecturales, constructives, techniques, économiques. Activités de conception jugées primordiales dans nos sociétés, elles résolvent les problèmes spatiaux et constructifs de clients qui passent commande. Le progrès technologique n'est pas étranger à cet attrait pour des compétences de création, ni à une demande accrue de performance des produits et des services (la qualité), ni au changement extrêmement rapide des attentes qui appelle sans cesse des solutions renouvelées. Producteurs de sens, de formes

---

[1] Pour les activités d'architecture, on compte en 1998 (INSEE, Enquête annuelle entreprise services), 23 800 entreprises, 22 497 salariés, un chiffre d'affaires de 22 417 millions de francs ; pour les activités d'ingénierie, 24 800 entreprises, 146 790 salariés, un chiffre d'affaires de 142 408 millions de francs. Pour les architectes (année 2000), les effectifs professionnels sont estimés à 34 5000 (enquête emploi INSEE). Les inscrits à l'ordre sont de 26 852. Nogue N., *Les chiffres de l'architecture, populations étudiantes et professionnelles,* tome 1, Paris, édition du patrimoine, 2002.

matérielles, certains s'affichent comme moteurs de changements. Ils affirment une volonté à engendrer de nouveaux états sociaux, culturels, technologiques. Les architectes aiment se présenter sur ce registre ; les ingénieurs aussi quand ils affirment savoir maîtriser de nombreux aspects de la vie quotidienne ou du futur par la dimension technologique.

Deuxième propriété : une autonomie statutaire pour se démarquer de l'influence des nombreux acteurs qui, eux aussi, prétendent énoncer la modernité actuelle pour les espaces bâtis : les clients, qui exigent sans posséder la somme des connaissances culturelles et techniques ; les entreprises de construction ou les fabricants de matériaux qui incorporent des usages normalisés ; les professionnels qui n'ont pas le même statut ou la même liberté d'opinion. L'autonomie réelle des architectes et d'autres professionnels fait souvent débat. Néanmoins, s'établissent les frontières d'un champ d'intervention. Ce milieu se démarque de l'ingénierie publique, plus prestigieuse et plus ancienne, de la maîtrise d'œuvre intégrée des entreprises générales, des industriels, des fournisseurs, des collectivités publiques (travaux effectués et suivis en régies), des anciennes grandes entreprises publiques et des services internes aux clients. Ces professionnels défendent l'unicité et l'irréductibilité de leurs prestations. On se détache aussi fermement et subtilement de tous ceux qui ne peuvent pas accéder au rang de profession mais qui exercent, de manière libérale, une activité de maîtrise d'œuvre. C'est enfin se démarquer des profanes qui, par essence, ne possèdent pas les connaissances expertes requises.

Tableau 1 : position des professionnels de la conception architecturale, technique, constructive et urbaine

	Clients profanes non-spécialistes de la construction	
Clients publics ou privés (collectivités, entreprises, promoteurs) Services internes spécialisés Bureaucraties techniques nationales et locales	Architectes, ingénierie, économistes de la construction, géomètres, paysagistes, autres concepteurs	Entreprises de construction, de services urbains, de fabricants de matériaux
	Professionnels non labellisés, de rang subalterne Techniciens, maîtres d'œuvre, artisans, conseillers	

Troisième propriété : le travail par projet [1] qui forge des dispositions cognitives originales pour intervenir dans des environnements incertains et réagir en temps réel, souvent dans l'urgence, à la variabilité contextuelle des demandes. Ce mode de travail se distingue d'une organisation industrielle hiérarchisée, agissant par complémentarité fonctionnelle et séquentielle.

Quatrième propriété : agir dans le cadre organisationnel de petites structures autonomes. Situation naturelle pour les architectes, la profession libérale limite le

---
[1] Boutinet J.-P., *Anthropologie du projet*, Paris, PUF, 1991.

développement de grandes structures. Une grande partie de l'ingénierie est dans une situation identique même si on trouve, dans ce secteur, de très grandes sociétés. La composante vocationnelle de ces métiers, le type de prestations et l'importance des marchés locaux ont encouragé leur permanence. Archaïsme face aux fusions observées dans d'autres secteurs ou spécificité au regard du service rendu plus difficile à industrialiser perpétuant l'autonomie d'activités intellectuelles ? Les explications sont rarement univoques.

Ce milieu technique s'est centré sur la finalité de la construction au travers d'une définition restrictive de son champ d'activités, la maîtrise d'œuvre dans le bâtiment (conception, mise au point technique, contrôle). Sous la pression conjuguée des organisations professionnelles et des pouvoirs publics, le droit a ordonné les tâches et les missions des uns et des autres. Le décret sur l'ingénierie et l'architecture de 1973 scinde en trois pôles le système de construction : la maîtrise d'ouvrage (le client), la maîtrise d'œuvre (architectes, ingénierie, économistes...), les entreprises de construction. La loi maîtrise d'ouvrage (1985) et ses décrets d'application (1993) ajustent les missions des uns et des autres et les mécanismes de la production du cadre bâti. Malgré toutes les incertitudes ouvertes par ces lois, la notion de maîtrise d'œuvre, articulée aux activités de conception architecturale et technique, est l'assise principale du rôle de ces acteurs et de leur imaginaire professionnel. Sans constituer une communauté professionnelle homogène, cet espace socio-économique s'est bâti sur des valeurs plus larges : la performance de l'expertise, l'indépendance du regard, l'intérêt public comme principe de légitimation.

À partir du milieu des années 1980, de nombreux corps de métier ont rejoint le cercle restreint de ceux qui, architectes et ingénierie, occupaient le terrain de la maîtrise d'œuvre, sous la pression de clients plus exigeants. La demande de conseil, d'expertises diverses (juridiques, économiques, stratégiques), de contrôle, de management, de conseils en stratégie patrimoniale, en exploitation ou en maintenance, dépasse la seule conception architecturale et constructive. L'invention de ces activités, si ce n'est ces métiers, bouscule la définition étroite de la maîtrise d'œuvre. On dépasse ainsi l'enjeu de la construction (architecte, ingénieur, constructeur) pour traiter les rapports entre stratégies d'entreprises et stratégies spatiales, reconfiguration fondamentale d'un contexte d'action.

Figures organisationnelles et modes de coopération

Certains protagonistes insistent sur le rôle des professions ; d'autres sur les activités générées par l'exercice d'un métier ; d'autres encore argumentent sur l'intérêt d'une réflexion organisationnelle pour améliorer la productivité par une rationalisation des méthodes de travail et de gestion. En croisant l'accent mis sur la profession ou l'activité avec le type d'organisation (individuelle, entrepreunariale), plusieurs grandes figures de travail et d'organisation se dissocient ; réponses plurielles aux marchés contemporains de l'architecture et de la construction.

Tableau 2 : organisation

	Individuelle	Entrepreunariale	
Profession	Le professionnel libre	L'Entreprise de conception	
Activités	L'activité d'expertise	L'entreprise de maîtrise d'œuvre	La firme

Le professionnel libre exalte l'autonomie de pensée, la conception, la créativité, les valeurs culturelles ou collectives. Le haut niveau des savoirs et l'indépendance sont les propriétés requises pour imposer un regard surplombant et une autorité savante. L'enjeu intellectuel de l'activité prend le pas sur l'enjeu financier. Il revendique des missions prestigieuses à partir d'une approche sélective des marchés : la conception architecturale ou urbaine (architecte) ; l'invention technique (BET) ; l'ingénierie financière (économiste de la construction). Cette figure intervient dans la commande d'innovation où la performance conceptuelle et technologique est recherchée, marque de fabrique de ces experts qui trouvent un terrain propice à leur action auprès de mécènes privés ou publics désirant renouveler leurs gammes de produits constructifs.

L'entreprise de conception est issue de la rationalisation des activités de conception et des opérations liées à leur contrôle. La recherche de compétitivité guide ces entreprises sans bousculer le fondement de leur démarche et la perception de leur rôle : l'approche conceptuelle, de nature urbaine, architecturale, technique ou économique. Leur caractère mono-fonctionnel fait en grande partie leur force : on travaille entre gens du même univers disciplinaire, même si on y associe quelques services ou spécialités connexes. La formalisation des techniques de travail, induite par la codification des prestations et des honoraires et par le développement de l'informatique, conduit à une organisation plus rationnelle du travail (division des tâches par projet ou par mission) et des compétences. La réactivité à l'environnement s'opère par la création ou l'alliance avec d'autres structures pour intervenir sur des projets de plus grande taille ou sur un territoire plus large. On fait entrer dans la réflexion conceptuelle des problématiques de gestion et de stratégie organisationnelle.

Pour l'activité d'expertise, l'essentiel est de réaliser une tâche pour rentabiliser la détention d'un capital professionnel. Les capacités individuelles acquises par la formation et l'expérience sont cruciales pour créer sa propre entreprise. La référence à la profession est plus lointaine, alors que l'autonomie dans le travail est fortement revendiquée. La réorganisation des clients et l'externalisation d'activités engendrent mécaniquement une grande partie de ces activités d'expertises. Elles résultent aussi de la sous-traitance répandue dans le secteur. Conséquence d'une forte division du travail, c'est une manière de gérer les risques pour les sociétés d'ingénierie, les grands bureaux d'études, quelques agences d'architecture. La totalité des activités d'expertise se présente comme un libre-service dans lequel les clients achètent les prestations au gré de leurs besoins.

La logique des entreprises de maîtrise d'œuvre est d'offrir, à l'intérieur d'une même organisation, un spectre de spécialités susceptibles de répondre de manière partielle ou en totalité aux missions confiées par les clients. Cet éventail élargi permet de maintenir un niveau d'activités, de pénétrer des marchés et d'offrir des prestations complémentaires. La notion de service est au cœur de leur problématique commerciale comme les gains de productivité sont au centre de leur démarche organisationnelle. Des stratégies de codéveloppement cherchent à prendre en compte les demandes des clients en temps réel. Ce n'est pas seulement la qualité de la conception qui est en jeu mais aussi le conseil sur de nombreux aspects : gestion patrimoniale, entretien et maintenance. La culture d'entreprise domine la culture professionnelle et celle du service l'œuvre culturelle. L'intégration horizontale de plusieurs métiers et disciplines est censée résoudre la coopération interprofessionnelle. De nouveaux profils sont générés autour des fonctions commerciales (ingénieurs d'affaire) ou de management de projets pour réguler la diversité disciplinaire et fonctionnelle. Cela oblige à entrer dans un cadre organisationnel plus strict, situation contraignante pour des professionnels qui aiment l'indépendance.

La firme est une autre face de la logique entrepreunariale. Le calcul économique et la stratégie financière déterminent la position dans ce secteur : filialisation, achat d'entreprises, création de départements spécifiques, recours à la sous-traitance pour maîtriser les coûts de gestion. Ce n'est pas l'idéal d'un corps professionnel, ni la logique d'un secteur d'activités (les professions de la maîtrise d'œuvre) qui ordonnent les stratégies et les pratiques, mais une conception du service offert (rapidité de la réponse, rigueur de l'organisation, soutien au client, continuité de la prestation). En interne, on assiste à une dissociation forte des fonctions commerciales et intellectuelles, les premières prenant le pouvoir. Si les métiers ont toujours un sens, ils sont liés à des organigrammes qui évoluent sans cesse à la recherche de marchés. Les architectes existent toujours, les ingénieurs aussi, mais leur formation se plie aux intérêts de la firme, à sa surface commerciale et politique. En l'occurrence, la culture professionnelle s'harmonise au profil du poste avec les avantages de plans de formations internes structurés et adaptés régulièrement. Le professionnel est d'abord un employé.

Il demeure rare que chaque acteur ou chaque figure dispose en interne de toutes les expertises aptes à satisfaire les demandes des clients. L'association entre prestataires est donc requise pour la mobilisation sélective et contingente des expertises. L'intégration organisationnelle est la plus rationnelle des réponses à la coopération. En disposant en interne d'une variété de profils professionnels, la mise en synergie est souvent fixée par des organigrammes et soumise à la règle hiérarchique. Quelques agences d'architecture ont internalisé les compétences d'urbaniste, d'économiste et de paysagiste ; d'autres ont ajouté des profils d'aide à la décision ; d'autres, plus fréquemment encore, des services d'ingénierie. Mais chez les architectes, cette configuration est limitée pour des raisons culturelles (ils privilégient d'abord la conception et une taille réduite des structures) et économiques (la sous-traitance est plus adaptée pour faire face aux fluctuations de l'activité). Ceux qui défendent l'intégration fonctionnelle pensent que la culture d'entreprise minore les conflits disciplinaires et dynamise l'offre de service.

Le réseau d'alliés est une forme aboutie et dynamique de collaboration. Des professionnels indépendants se rassemblent pour répondre de façon complète aux demandes des clients. La confiance est essentielle dans ces partenariats, dans la mesure où la qualité de la coopération dépend du partage ou de l'exclusivité de valeurs professionnelles (vis-à-vis du projet, du client, de l'argent). Dans la version la plus favorable des réseaux, une logique de l'honneur [1] règle la coopération. De tels réseaux peuvent déboucher sur une offre commerciale collective dans des secteurs peu investis.

La chaîne hiérarchique est une autre forme de coopération. Deux mécanismes l'organisent en fonction des marchés. Le premier est basé sur la sous-traitance de tâches dans des chaînes plus ou moins longues, sous-traitance qui génère une partie de l'activité des petites structures. La multiplication des spécialités et la recherche de productivité de grandes sociétés ont contribué à son développement. Le centre névralgique est proche du client et des marchés. Part d'ombre du fonctionnement de ce milieu technique, beaucoup l'acceptent ou la subissent, tous la dénigrent. Le second mécanisme repose sur l'autorité d'une discipline sur certains marchés. Dans le secteur du bâtiment, l'architecte reste encore l'acteur central et le principal client de l'activité.

Le montage composite est la forme la plus pauvre de collaboration. Elle est à l'initiative des clients qui forcent des mariages. Dispositif de sommation qui fait fi des habitudes de travail entre prestataires. L'objectif est de mieux contrôler les prestations des uns et des autres ou d'exacerber la concurrence entre prestataires dans une version où la mise en tension est le mode de régulation volontairement choisi. Modèle d'une pure concurrence régulée, en particulier par les prix, où toutes les prestations seraient équivalentes. Les professionnels soulignent la difficulté à collaborer dans ces conditions : ils ne se connaissent pas ; ils éprouvent des difficultés à ajuster leurs langages.

Au final, trois logiques d'action cohabitent dans cet espace socio-économique et professionnel.

La logique professions – réseaux part d'une base historique (les professions) pour s'inscrire dans un mode de travail contemporain (les réseaux). L'importance des marchés locaux, le besoin de l'indépendance des conseils vis-à-vis des groupes industriels ou de services urbains des collectivités locales, favorisent le maintien d'un tel pôle. Les liens souvent solidement établis entre opérateurs donnent une consistance réelle à ce mode de travail. Dans ce cadre, le modèle des architectes fait référence.

La logique firme – intégration fonctionnelle traduit la rationalisation organisationnelle en œuvre dans le secteur. Les grandes sociétés multi-professionnelles, voire de taille moyenne, situent leur stratégie dans ce cadre. La filialisation, le rachat, la sous-traitance, la financiarisation externe (fonds d'investisseurs) soutiennent ce développement. Les autres professionnels sont soumis à ces sociétés pour effectuer des tâches à moindre valeur ajoutée ou, pour les plus pointus, devenir des services externalisés de recherche-développement sollicités pour leur capacité à innover. Ce n'est ni la fin de l'activité architecturale, ni de la revendication d'indépendance d'un type de service, toujours nécessaire, mais la fin d'un modèle professionnel encouragé par l'Europe.

La logique activités d'expertise – montage composite révèle l'atomisation d'un secteur d'activité où la logique économique (le prix) est essentielle. Les cycles de

---

[1] Philippe D'Iribarne P., *La logique de l'honneur*, Paris, édition du Seuil, 1989.

production engendrent des besoins d'expertises toujours plus importants. Les clients prennent le pouvoir, durcissent les clauses des contrats et élargissent le nombre de spécialistes pour les assister. L'offre s'adosse à l'individualisme, au désir et à la nécessité de se mettre à son compte pour acquérir un statut. C'est l'accomplissement d'une forme de libéralisme au secteur de l'architecture, l'avantage pour le client étant la flexibilité avec un danger, l'épuisement des prestataires avec des conséquences sur la qualité.

Service, profession, collectif de travail

Au-delà de ces caractéristiques, plusieurs points de vue interprétatifs tracent la dynamique de cet espace socioprofessionnel.

Professions, activités de service et marchés

Ce milieu technique n'est pas seulement un amalgame de professions concurrentes, comme le montrent une interprétation de leur action en termes de services et les réflexions sur l'industrialisation de services professionnels [1]. Une des questions régulièrement posée est de savoir si le modèle de l'organisation industrielle ne devient pas celui des services professionnels. Jean Gadrey met en débat deux stratégies : l'une de rationalisation industrielle par la standardisation du travail professionnel, l'autre de rationalisation professionnelle par typification, formalisation de méthodes et production de routines. Deux évolutions majeures vont dans le sens d'une rationalisation professionnelle chez les architectes et dans l'ingénierie.

De nombreux professionnels reconnaissent l'orientation vers davantage de méthodes et de reproductibilité des solutions, ce qui était jusqu'alors rejeté au nom d'une tradition privilégiant l'autonomie des savoirs hors des contraintes gestionnaires et des marchés. L'idée que le client est un être unique et que l'architecture ne fabrique que des prototypes entre dans cette représentation. Le ralliement à des critères qui valorisent l'efficacité productive ou la lisibilité des prestations proposées avec les qualités afférentes de produits standards, est acquis dans un secteur qui n'y était pas ordinairement sensible. D'autres valeurs de l'économie contemporaine pénètrent les pratiques organisationnelles de ces acteurs : importance des fonctions commerciales et managériales, reconsidération des modes d'organisation en fonction des cycles d'activités, gestion souple de la main-d'œuvre (salarisation des compétences clés, sous-traitance des autres), organisation en réseaux, attention accrue à la relation avec les clients.

Le développement technologique est l'autre vecteur de cette rationalisation, outil puissant de formalisation des méthodes de travail et de gestion, ce qui stimule la créativité (simulation, communication) et la rationalisation par une capitalisation plus aisée des informations. Il favorise la mise en relation par des liens

---

[1] Gadrey J., « La modernisation des services professionnels », *Revue française de sociologie*, XXX-2 avril-juin 1994.

communicationnels dont les applications se perfectionnent à un rythme effréné [1]. Cette informatique de communication met au goût du jour le partage de méthodes collectives entre organisations indépendantes et bonifie l'apprentissage réciproque. Processus central dans un milieu où la coopération est difficile et pourtant fondamentale.

Si les théories socio-économiques sur les marchés de service n'ont pas encore pleinement trouvé un écho dans le secteur de la production architecturale et urbaine, sans le dire sous cette forme, ce milieu technique a expérimenté de telles interprétations. La coproduction des services entre client et prestataire est une caractéristique forte pour nommer la différence avec la production classique de biens matériels, *a fortiori* pour des projets architecturaux, constructifs et urbains dont les objets se dessinent et se matérialisent peu à peu à partir d'une esquisse ou d'icônes impersonnelles (catalogues de modèles). Partant du constat de la césure effective entre le client qui détermine la commande et le prestataire, situation de service codifiée par les lois françaises, on a mis en évidence l'interaction décisive qui unit le client et le prestataire pour formaliser les attentes et déterminer la solution architecturale et constructive. Pour une efficacité optimale, les deux doivent collaborer et dialoguer et identifier ainsi la réponse adéquate. Les concours d'architecture et d'ingénierie, longtemps marque de fabrique de la production à la française, sont d'ailleurs critiqués en raison de la coupure instaurée entre commande et projet. Les marchés de définition [2], forme de plus en plus prisée de mise en concurrence dans la commande publique, prévoient une dynamique interactive entre deux moments de production autrefois séparés. Plus généralement, la diversité de la demande provoque une augmentation des médiateurs pour appréhender ses caractéristiques afin de les incorporer dans le constructif et le spatial.

Une analyse en termes de services donne un éclairage plus pragmatique et une connotation plus marchande à la relation entre clients et prestataires. Aux noms de la vocation et du caractère singulier de la prestation d'architecture et d'ingénierie, le service était une totalité forfaitaire centrée sur la conception et la construction (maîtrise d'œuvre). La volonté d'identifier par une rigueur réglementaire et comptable les responsabilités, les tâches et les honoraires correspondants, a eu pour effet de laisser dans l'ombre le travail invisible mais réel de ces professionnels : démarches commerciales, conseils, suivi client, contrôle, évaluation. La définition du travail est plus économique et marchande qu'éthique ou vocationnelle.

Ce type de service intellectuel demeure incertain en raison de critères d'évaluation souvent qualitatifs ou d'une méconnaissance de leurs effets temporels. Penser et concevoir les Palais de Justice du siècle prochain, les systèmes de transports urbains, les structures d'habitat dont la durée de vie est de plusieurs décennies, comportent une incertitude face aux renouvellements rapides des attentes et des

---

1 *L'informatisation du secteur de la construction comme révélateur socio-économique*, actes du séminaire de recherche du 20 juin 1995, Paris, PUCA, 1995.
2 Le marché de définition met en concurrence des équipes de programmistes et de concepteurs pour dégager les stratégies d'intervention sur des sites à aménager. Cette procédure restaure le dialogue entre clients et professionnels ; l'objectif est de formuler plusieurs alternatives dont l'une sera élue.

sociétés. On a besoin de confiance, individuelle et collective, pour attribuer le dévoilement de ce futur à des professionnels. Le prix n'est qu'un aspect de la transaction marchande et de la compétition qui se noue entre prestataires. La comparaison des offres de services implique de nombreux autres critères : l'expérience et la réputation, la capacité à tenir des délais, la lisibilité de l'offre. Dans ce cadre, les labélisations symboliques, le diplôme, l'appartenance à une profession réglementée ou d'autres plus normatives (label, qualification, certification) sont des repères pour donner quelque assurance au jugement et crédibilité aux prestataires. Syndicats professionnels et instances de régulation économique les développent pour établir un jugement et, au final, protéger le consommateur. La profession fait partie de ces dispositifs objectivés. Néanmoins, les relations de service et les marchés passés sont garantis par des normes de coopération, de réciprocité, de don et de contre don, de fraternité sociale et politique. Dans la relation de service, on juge conjointement la valeur économique et le contenu de l'échange social : ainsi la proximité géographique, sociale, culturelle forme des normes d'obligation entre clients et prestataires pour sécuriser et stabiliser le rapport marchand. Situation coutumière pour des professionnels qui font souvent partie des notabilités locales ou de leur cercle proche. Interprétation savante du clientélisme longtemps dénigré au nom d'une concurrence équitable ou de la lutte contre la corruption.

Ces jugements sur les prestataires prennent la voie de la critique qui contribue à les classer. Les revues professionnelles, généralistes ou spécialisées, les palmarès cofinancés par les clients et les professions, les observatoires, la circulation et la médiatisation d'expériences réussies, la presse consumériste participent à la reconnaissance auprès des clients et des pairs. Ce milieu de la critique reste hétérogène car il se réfère pour une partie aux professions (jugement des pairs), pour une autre aux marchés ou à des organismes transversaux (interprofessionnels, clients) et pour une troisième au grand public et à ses médias. En ce sens, de nombreuses distorsions existent entre les uns et les autres et les critères de jugements sont loin d'être comparables entre eux. La critique, la communication dans les médias professionnels et auprès des décideurs sont des enjeux stratégiques et, pour les architectes, elles tendent à déterminer la hiérarchie de la profession [1] et l'accès à l'élite.

Référence encore inégalement explicitée pour l'analyse des professionnels de la conception architecturale, constructive et urbaine, cette interprétation en terme de services donne une autre intelligibilité de la situation de ces acteurs, notamment dans leurs relations aux marchés. Ce milieu a longtemps défendu son identité au travers de ses savoirs, de sa technicité, de son historicité, de son indépendance. Il n'a que rarement mis en avant la vente de service comme clé de sa légitimité, argument réservé à quelques hérétiques en rupture de ban pour les architectes ou sociétés d'ingénieries déjà engagées dans une logique marchande. Le contexte économique et sociétal appelant non seulement une logique de service mais encore de service citoyen, ces professionnels peuvent trouver dans ces interprétations quelque réconfort sur leur modernité. Pour beaucoup, dont les architectes, cette logique de service s'accomplira par la confrontation au grand public, anonymes clients.

---

[1] Biau V., *La consécration des architectes*, Paris, thèse EHESS, 2001.

Professions et compétence

Tous les acteurs de la conception architecturale, constructive et urbaine font référence à l'appartenance à une profession (réglementée ou non), à une entité collective transcendant les caractéristiques individuelles. Patrimoine historique et sociogénétique qui révèle la possession d'une série de réflexes, de manières de faire, d'attitudes qui conditionnent la participation et l'action de ces professionnels dans leurs activités de travail et leurs relations avec d'autres partenaires. Cette unité substantive est perceptible dans les représentations de leur position sociale et de leur travail. Pour des professions et des corps de métiers qui possèdent une forte identité et unité de pensée, la sociologie des professions [1] identifie davantage des ensembles composites ; les architectes comme tant d'autres sont confrontés à ce mouvement ; différenciation naturelle au regard de la division du travail et en raison des mutations d'un environnement social et institutionnel plus complexe. L'identité disciplinaire, notamment pour les architectes, l'homologie quasi native entre une activité et un statut, la consanguinité par héritage générationnel, sont remises en question. La dilution dans des systèmes d'emploi plus ouverts aux statuts et positions diversifiés, l'importance des fonctions de conseil, l'influence considérable des problématiques urbaines, le changement des systèmes décisionnels et professionnels, autant de facteurs qui fissurent l'édifice de l'unité.

Le concept de compétence, plutôt réservé à la sociologie du travail, interroge le statut des professionnels [2]. Il est l'objet de nombreux débats parmi les chercheurs, les managers, les spécialistes de la formation, pour juger s'il est le signe d'un nouveau cadre historique des relations au travail et, plus généralement, des relations professionnelles. Le consensus est général, les systèmes de production actuels imposent des adaptations aux fluctuations permanentes du travail. L'évolution rapide du contenu des activités rend obsolètes les référentiels d'activité comme les classifications conventionnelles. Les termes de mobilité, de flexibilité, d'adaptation, de niveaux, de capacité forment une définition mouvante des qualités requises des travailleurs, une définition approximative et arbitraire, ajustée et dynamique, qui oblige à reconsidérer les échanges salariaux et financiers. La compétence dépend des systèmes concrets d'activités. Elle comporte une dimension expérimentale qui se décline par des modalités d'appropriation des conditions de travail. Il en découle une dimension culturelle apprise qui tient également compte des situations d'existence hors travail. Ce type de savoir échappe en partie à une qualification par le diplôme ou même par la formation puisqu'il est de l'ordre de l'expérience. Par compétence, des formes d'activités professionnelles sont en lien avec les dynamiques sectorielles, relationnelles, fonctionnelles et organisationnelles de leurs usages. Dans la continuité de ce constat, les professionnels réifient l'expérience et la culture d'entreprise comme étant la principale clé de la définition du travail aux dépens d'une image idéalisée d'une profession. L'idée de compétence, telle qu'elle est débattue, confirme la flexibilité de

---

[1] Dubar C., Tripier P., *Sociologie des professions*, Paris, Armand Colin, 1998.
[2] Tapie G., *Les architectes : mutations d'une profession*, Paris, L'Harmattan, 2000.

nombreux modèles professionnels actuels et surtout le processus dynamique dans lequel est engagée la définition d'une qualification [1].

Pour ces professions, le dilemme entre la voie d'une spécialisation et une approche généraliste fait l'objet de jugements antithétiques. Pour les architectes, ce débat est d'autant plus polémique que la profession est marquée par une revendication profonde... enracinée dans l'histoire et dans l'habitus professionnel : agir à de nombreuses échelles de la conception spatiale, du design d'objets, à la restructuration de métropoles. Si décriée, la spécialisation dans un travail de conception n'est pas contradictoire avec une vision holistique des solutions à apporter et du processus de production. Elle est inéluctable quand le nombre et le type de savoirs à maîtriser se multiplient. De même, la spécialisation peut être un état momentané dans une carrière ou dans l'histoire d'une organisation. Depuis longtemps déjà, pour la sociologie interactionniste, des cultures professionnelles se singularisent enchaînées qu'elles sont aux structures d'action (une organisation, un marché).

La diversification professionnelle est un autre processus abondamment souligné pour expliquer l'émergence de compétences multiples au sein d'une profession. Au début des années 1970, la métamorphose d'une profession libérale [2] chez les architectes soulignait une radicalisation des pratiques où deux tendances cohabitaient : la conception architecturale et la maîtrise d'œuvre, dominante ; des pratiques alternatives sources de diversification professionnelle. La notion de compétence ne faisait pas partie alors d'une modélisation théorique pour expliquer le travail réel assumé par ces architectes dissidents. Toute pratique qui se détachait d'une figure canonique était le signe d'une rupture historique. Pourtant, on a creusé l'analyse de la diversification sous l'angle d'une réflexion sur l'insertion professionnelle des jeunes diplômés et celui de la modification conjointe des processus de production. En se dirigeant vers de nouvelles fonctions, les architectes contribuent à redéfinir la profession et, par l'analyse des systèmes de production, on précise les places disponibles dans le jeu des concurrences professionnelles. Parmi cette offre, on insiste sur le rôle du projet urbain [3] et des interventions sur la ville dont les mutations contemporaines engendrent un ajustement des savoirs, des méthodes, des positions.

Des figures de compétence se détachent de paternités professionnelles autoritaires et encombrantes.

L'architecte-urbaniste concepteur conçoit la composition urbaine et spatiale sur des registres adaptés aux nouvelles complexités de la ville contemporaine. Son profil reflète une césure plus nette entre le monde de la conception architecturale et de la conception urbaine. L'architecte-manager occupe une position d'autorité dans les dispositifs de transformations urbaines, toujours proche du politique. Il se centre sur la gestion stratégique et tactique des dispositifs relationnels supports des modalités de changement urbain, abandonnant ses prérogatives dans le

---

[1] Litchenberger Y., Paradeise C., « Compétence, compétences », *Sociologie du travail*, volume 43, n° 1, 2001.
[2] Moulin R. (direction), *Métamorphose d'une profession libérale,* Paris, Calman-Lévy, 1973.
[3] Haumont B., « Un nouveau champ pour l'architecture et ses recherches : le projet urbain », *Les cahiers de la recherche architecturale*, 1993.

domaine de la conception. L'architecte-programmiste est centré sur les études préalables et la programmation, reflet de la remontée vers l'amont du projet et occupe des fonctions d'études et de conseil. L'architecte-coordinateur a une fonction de traduction et de contrôle par la formalisation de règles architecturales pour assurer la transition des programmes et règlements aux réalisations concrètes (contraintes matérielles de réalisation). Enfin, le passeur stratégique est davantage orienté vers la réalisation des projets dans les méandres de systèmes politico-administratifs complexes.

La conceptualisation en termes de compétences est la marque d'une nouvelle approche du travail dans nos sociétés et du déclin de formes de professionalités stables. Les hybridations observées pour la production urbaine et les architectes concernent tous les corps de métier : les ingénieurs et les économistes se déplacent vers le conseil, l'entretien, la gestion, le management. Elles répondent à l'incertitude de situations de travail et à l'ajustement de la part des travailleurs à des contextes plus incertains et contraignants. La dissociation croissante entre qualifications d'origine et compétences exercées a été prise en partie en compte par les formations initiales de deux façons : la multiplication des cursus et des options ; un plus grand nombre de formations postdiplômes. Dans cette logique, la compétence crée de nouveaux savoirs et dispositions cognitives. L'expérience et la pratique jouent donc un rôle capital dans l'adéquation des qualités des personnes ou des collectifs de travail aux situations de travail. Et l'individualisation des carrières, sensible chez les architectes, plus accentuée chez les ingénieurs en raison d'une plus grande disponibilité d'emplois, pousse à définir les postes en fonction des singularités de ceux qui sont censés les occuper.

Professions et fabrication collective de projets

Activité en actes et ingénierie hétérogène

L'une des avancées décisives dans l'analyse de ce secteur a été l'inscription du travail de ces professionnels dans une production collective impliquant de nombreux acteurs. Jusqu'alors, au moins dans ces milieux où l'activité de conception et de création est symboliquement capitale, la tendance est d'explorer la pensée du concepteur et l'activité cognitive qui en est le support, y compris dans des prolongements matériels sophistiqués (machines, logiciels). Cette perspective laisse dans l'ombre les interactions de plus en plus remarquées entre formulation de la commande et solutions spatiales ou entre les protagonistes de l'acte de bâtir. Inspiré de thèses néo-rationalistes sur les décisions, un modèle stratégique donne une vision plus dialectique des relations, entre programmation et conception principalement. Le projet s'élabore dans des itérations successives sur la base d'objets intermédiaires [1]. Plusieurs mondes s'affrontent ou s'associent pour le conduire à sa fin dans des situations de faible intégration organisationnelle et dans le cadre de gestions d'incertitudes plus nombreuses (technique, financière, juri-

---

1 Callon M., « La modification des rapports entre sciences sociales et sciences de l'ingénieur », *in L'informatisation du secteur de la construction comme révélateur socio-économique*, actes du séminaire de recherche du 20 juin 1995, Paris, PUCA, 1995.

dique, politique). Les activités des uns et des autres se recouvrent ; les projets contribuent à la planification territoriale ; la conception architecturale nourrit le programme et objective les attentes du client ; la construction et le chantier transforment certains aspects de la conception d'origine ; les fabricants sont sollicités dès l'esquisse pour tester la faisabilité des composants des projets. Les projets architecturaux et urbains mobilisent une ingénierie hétérogène [1] qui progresse en compromis successifs engageant acteurs humains et non humains. La notion de dispositif et de réseau incarne le fonctionnement des dynamiques collectives, cognition distribuée qui entérine le partage des compétences. L'accent est mis sur les investissements de forme (chartes, documents, produits, techniques, procédures, règles de l'art) et les objets intermédiaires (maquettes, images de synthèses, toute représentation graphique) qui ne sont plus une simple production technique des professionnels mais sont des puissants médiateurs sociaux pour les projets et leur environnement. L'ingénierie concourante [2], est une autre formulation de ces enjeux de coopération dont l'origine est la comparaison avec l'industrie et la perte de vitesse des bureaucraties professionnelles.

Pour des professions et des corps de métier qui défendent leur apport de connaissance dans le domaine de la conception ou de la créativité, l'analyse de leur rôle n'est plus orpheline des liens qui se nouent entre tous les protagonistes. Des dispositifs de coopération gèrent les apports contradictoires et convergents de nombreux professionnels d'origine disciplinaire variée. La théorisation de l'action de ces professionnels se déplace ainsi vers la nature des liens qui s'établissent entre activités et métiers pour produire les objets construits ou les espaces aménagés. Le faire travailler ensemble annonce des versions originales de collaborations dans le travail qui transgressent les savoirs de chacun.

Coopération concurrentielle et interprofessionnalité

Un courant d'analyse insiste sur l'interprofessionnalité [3] et sur l'existence de forums hybrides pour décrire la multiplication des expertises et leur rencontre plus ou moins aléatoire tout au long des projets. Cette interprofessionnalité se joue à de multiples niveaux de la fabrication des projets. Il faut coopérer et se partager des tâches alors que l'on n'appartient pas aux mêmes organisations. Il faut accorder des cultures professionnelles divergentes sur la nature des objets à produire et sur le statut de la discipline qui ordonne sa conception. Il faut traiter et aborder des conceptualisations, des théories et les marier avec du concret et du matériel. Il faut enfin contrôler des dispositifs relationnels de nature multiple pour l'avancée des projets. Dans un tel contexte, la dimension relationnelle prend une importance cruciale pour préserver une cohésion maximale. À la compétence technique s'agrègent des savoirs sociaux. Les organisations des professionnels

---

[1] Callon M., « Le travail de la conception en architecture », *Cahiers de la recherche architecturale*, n° 37, 1996. Reynaud D., « Compétences et expertise professionnelle de l'architecte dans le travail de conception », *Sociologie du travail*, n° 4, volume 43, 2001.

[2] Charue-Duboc F., Midler C., « L'activité d'ingénierie et le modèle de projet concourant », *Sociologie du travail*, n° 3 volume 44, 2002.

[3] Haumont B., Biau V., Godier P., « Métiers de l'architecture et position des architectes en Europe : une approche comparative », *L'élaboration des projets architecturaux et urbains*, volume 3, PUCA, 1998.

s'enrichissent de nouveaux postes plus centrés sur la mise en relation, dans le cadre des activités quotidiennes relatives à la réalisation des ouvrages ou dans celui de la gestion commerciale du service global. Enfin, apparaissent des profils spécialement chargés de la médiation ou de l'interface (le faire travailler ensemble) : aptitude à définir des procédures de collaboration, à faire jouer les acteurs ensemble, à négocier, à résoudre des conflits.

Ces réflexions posent deux acquis importants. L'un est l'abandon de démarches séquentielles qui, si elles confortent la lisibilité de l'avancée de la fabrication du produit, sont disqualifiées au regard de leur rigidité et de leur incapacité à insérer les aléas de toutes sortes. L'autre conclut au déclin d'une expertise centripète, fin de règne d'un pouvoir absolu sur la façon dont sont menés les projets architecturaux, constructifs et urbains. Autrement dit, ingénieur et architecte sont renvoyés dos à dos dans leur abord dépassé du travail collectif. L'intérêt porté à la fabrication collective des projets prouve le déclin d'une régulation mono-disciplinaire sur l'acte de construire ou d'aménager. La dépendance réciproque des professionnels oblige chacun à négocier ses compétences dans un collectif où l'enjeu est de faire valoir son apport spécifique sans leur identité dans un ensemble anonyme et d'être pris dans une logique industrielle où le management des compétences se substitue à la logique des professions. Souvent soutenue par les ingénieurs, cette tendance à défendre l'efficacité par un discours sur la qualité reste essentiellement dominée par une approche industrielle.

Conclusion

L'activité, l'identité et le statut social de ces professionnels sont soumis à de nombreuses tensions au regard de leur relation à la société, de la variété des marchés, de la multiplication de figures de compétence, de la socialisation de la fabrication des espaces. Ces tensions révèlent à la fois la fragilité de leurs positions et la logique pragmatique qui préside leurs rapports au monde, relativisme qui questionne une ambition sociale si souvent revendiquée. L'un des actes de foi est que la nature des objets produits et leurs propriétés ne sont pas déliées du statut de ceux qui les conçoivent ; la défense d'une autonomie statutaire, de disciplines marquées, d'un espace socioprofessionnel original, autorise une qualité des prestations et des objets qui en découlent. En symétrie avec l'affirmation précédente, l'industrialisation de la production du bâti banalise à outrance l'architecture, élaborée et construite alors sur la seule logique économique.

Tous les professionnels défendent la constitution d'un savoir critique indépendant qui s'épanouirait au mieux dans le cadre d'une organisation par professions auxquelles on confie la traduction d'intérêts collectifs par et dans l'espace. Depuis les années 1970, cette branche et les professions qui la composent font face au pouvoir surplombant et sans cesse présent des grandes entreprises du BTP ou de services. Ces dernières ne désespèrent pas d'étendre leur modèle de fonctionnement et de confiner le rôle des professionnels à des tâches subalternes. L'intégration de ces activités dans leur giron organisationnel au travers de services internes ou d'une sous-traitance serait le mode opératoire entérinant le déclin du professionnel libre penseur et acteur. La puissance financière de ces entreprises se présente comme l'atout principal pour négocier avec des clients importants et apporter ainsi une part de l'investissement. Situation attractive pour ceux, publics ou privés, qui ont ainsi à leur disposition de nouvelles ressources pour gérer leurs besoins de construction. Le prix à payer est de confier à ces entreprises les clés de nombreux aspects de la vie collective.

La constitution de cet espace socioprofessionnel et son identité ont été alimentées par deux mouvements conjugués qui remettent en cause la construction symbolique de la maîtrise d'œuvre. De nombreux professionnels d'origine disciplinaire variée ont investi ce monde et ont provoqué la diversification des professions traditionnelles qui se sont spécialisées dans des prestations nouvelles pour elles, remettant en cause leur identité historique. La notion de compétence traduit cette évolution et montre une adaptation à la complexité. L'autre mouvement est l'obligation de coopérer pour des professionnels qui conservent une forte autonomie de pensée. L'identification de valeurs ou de grands principes d'action atténue les dissensions comme l'existence de réseaux qui assemblent des compétences diversifiées. Dans cette logique interprofessionnelle, ce milieu doit ajuster la référence à une profession ou à un métier qui prônent des idéaux singuliers, à l'espace socioprofessionnel collectif qui oblige à amender les stratégies de chaque protagoniste. Sans nul doute, la dimension relationnelle s'affiche avec plus d'intensité à tous les niveaux de la pratique et de l'action.

La généralisation de ces problématiques et la singularité de la situation française apparaissent dans la comparaison avec d'autres pays européens. Au registre des convergences, de nombreux pays européens sont confrontés à des problématiques proches, voire identiques à celles de la France. On revendique l'autonomie d'un espace professionnel (la maîtrise d'œuvre et le conseil) entre clients et grandes entreprises par la délégation sous diverses formes de prestations d'expertises relevant de la conception et la réalisation matérielle de l'ouvrage. Cet espace est par essence pluridisciplinaire et mixe expertise architecturale, technique et économique et, plus récemment, d'autres spécialités. Il s'organise autour de professions clés et souvent de modes d'organisation relativement hétérogènes associant petites et grandes structures. La parcellisation des organisations et des professions est une réalité européenne. Plusieurs transformations sont communes. Le passage d'une fonction technique souveraine (architectes, ingénieurs) à la multiplication des fonctions (stratégique, technique, de communication, d'évaluation) est la plus évidente. L'adjonction de spécialistes du droit, de l'économie, de la gestion, de l'évaluation, de la communication, de la prévision renforcent les phases amont (le conseil) dans des équipes pluridisciplinaires. La coordination et le management se posent à tous les systèmes nationaux. Sur le plan des dispositifs et des valeurs, l'intégration par les professionnels d'un nouveau rapport aux populations est confirmée. L'essor de la communication est pris en charge par des spécialistes ou des professionnels reconvertis sur cette compétence. L'autre dimension des valeurs en vogue est une idéologie entrepreunariale qui rompt, au moins dans certains pays, avec la toute puissante technocratie publique. Les thèmes de la productivité, de l'efficacité, de la rapidité, de l'adaptation, deviennent quasiment des slogans. Ces transformations communes sont confrontées à des modélisations différentes, issues de la singularité des contextes nationaux et de l'histoire de chaque nation. La mondialisation n'étouffe pas la vivacité de modèles nationaux. Cette dynamique reste à préciser dans bien des cas pour statuer sur la force de cet espace socioprofessionnel face au libéralisme érigé en fatalité.

Deuxième partie

● ● ● ●

Transformations de la commande et des expertises urbaines

••• Chapitre 4

Partenariat public-privé et bâtiment en Europe : quelques enseignements [1]

Frédéric Bougrain, Jean Carassus,
Marc Colombard-Prout [2]

Comme l'indique Alain Bourdin, dans son chapitre sur la ville-acteur, les villes doivent, si elles veulent mobiliser pour leurs projets des fonds d'investisseurs, trouver des organisations spécifiques d'action s'inscrivant dans une dynamique de gestion de risques. Le partenariat public-privé (PPP) est l'un de ces moyens d'action.

La France a une expérience très ancienne en matière de partenariat public-privé dans le domaine des infrastructures. Dès le XVIe siècle, en effet, le roi confiait à des entrepreneurs privés le financement, la construction et l'exploitation de canaux, pour lesquels il n'y avait pas de financement public disponible. Depuis, des routes, des voies ferrées, des équipements, des autoroutes, des usines de traitement des eaux, des aménagements urbains etc. ont été massivement, sur initiative publique, financés, construits et gérés par des entrepreneurs privés. Dans le domaine du bâtiment, l'expérience récente est beaucoup plus limitée. Seuls des prisons, des établissements d'enseignement et quelques bâtiments publics ont été construits ou réhabilités en partenariat public-privé.

L'objet de ce chapitre est d'analyser des cas d'opérations de PPP dans quatre pays, le Royaume-Uni, l'Italie, le Danemark, la France, pour en tirer des enseignements pour notre pays. Nous centrerons l'analyse sur les formules de type contrat

---

[1] Ce texte s'appuie sur la recherche « partenariat public-privé et bâtiment en Europe. Quels enseignements pour la France ? Retours d'expérience du Royaume-Uni, d'Italie, du Danemark et de France » PUCA – CSTB, juillet 2004. Cette recherche, suivie au PUCA par Michel Bonnet, a été assurée par une équipe projet européenne composée d'Ernesto Antonini (faculté d'architecture de Venise), Frédéric Bougrain, Jean Carassus, Marc Colombard-Prout (département économie et sciences humaines du CSTB), Christian Koch (université technologique du Danemark), Graham Winch (université scientifique et technologique de Manchester). Cette recherche sera publiée en 2005 par les Presses de l'École nationale des ponts et chaussées.
[2] Frédéric Bougrain est assistant de recherche au Laboratoire services, processus, innovation (département économie et sciences humaines) du Centre scientifique et technique du bâtiment. Jean Carassus est responsable du département économie et sciences humaines du Centre scientifique et technique du bâtiment. Marc Colombard-Prout est responsable du Laboratoire services, processus, innovation (département économie et sciences humaines) du Centre scientifique et technique du bâtiment.

de partenariat portant la plupart du temps sur le financement, la conception, la construction et la gestion de bâtiments. L'autorité publique peut être une collectivité territoriale ou une administration d'État. Dans ce type de dispositif, le financement peut être entièrement privé ou bénéficier d'aide publique ; l'investissement est privé, l'essentiel des risques est assuré par le secteur privé, la propriété de l'ouvrage revient à l'autorité publique en fin de contrat, le paiement de l'ouvrage et du service lié est assuré par l'autorité publique. Nous n'analyserons pas les pratiques de PPP dans la construction et la gestion des infrastructures et la gestion des services publics locaux.

Le PPP fait l'objet en France d'un intense débat depuis plusieurs années. Nous ne prendrons pas position sur la question de principe pour ou contre le PPP. Selon nous, aucune procédure n'est intrinsèquement supérieure à une autre. Les procédures issues de la loi sur la maîtrise d'ouvrage publique, dite loi MOP, ne sont pas en elles-mêmes supérieures à celles issues du PPP, de même que celles issues du PPP ne sont pas intrinsèquement supérieures à celles provenant de la loi MOP. Dans un certain nombre de cas, une autorité publique choisit le PPP pour financer, concevoir, réaliser et gérer un service d'intérêt général articulé à un objet immobilier. Notre travail vise à examiner tout d'abord comment le contrat peut être équilibré entre autorité publique et partenaire privé dans un contexte où, le plus souvent, le secteur privé bénéficie d'une expérience beaucoup plus importante que le secteur public. Notre seconde préoccupation vise à examiner quels sont les dispositifs (mesure, incitations) qui favorisent la qualité du service rendu aux utilisateurs finaux des ouvrages.

Royaume Uni, Italie, Danemark, France : un trait commun, quatre contextes différents

Dans ces quatre pays il existe une tendance commune à la diminution des crédits publics d'investissement pour réduire les déficits budgétaires, tant au niveau des États qu'à celui des collectivités territoriales. Pour contrecarrer cette évolution, des modalités nouvelles de financement, permettant de mobiliser des capitaux privés, ont été mises en place.

Le Royaume-Uni a la plus forte expérience en matière de PPP pour les bâtiments publics. Le lancement du PPP au Royaume-Uni date de 1992, quand le gouvernement conservateur jette les bases du programme *Private Finance Initiative* (PFI). Le plus souvent, le programme se traduit par la mise en place de contrats globaux au travers desquels des autorités publiques confient à des consortiums privés le financement, la conception, la réalisation et la gestion d'ouvrages. En 1994, le *Private Finance Panel* (PFP) est créé pour promouvoir les contrats de type PFI. En 1996, le *Public Private Partnership Programme* (4Ps) est créé pour développer les pratiques de PPP dans les collectivités locales. En 1997, le gouvernement travailliste procède à une évaluation du PFI. Le programme, qui devient *Public Private Partnership*, est relancé à une grande échelle avec, comme organisme moteur, *Partnership UK*. Cet organisme, lui-même issu d'un PPP entre le gouvernement et le secteur privé, n'a pas seulement une activité de conseil mais aussi de développement et d'investissement dans les projets de PPP [1]. Un dispositif de suivi et d'incitation à la qualité architecturale est mis en place sous la responsabilité de la *Commission for Architecture and the Built Environment* (CABE) [2]. Outre les contrats globaux déjà évoqués, le PPP au Royaume-Uni peut recouvrir des concessions avec paiement par l'utilisateur final, des sociétés d'économie mixte, des accords de partenariat sur l'extension de réseaux publics existants. En 2004, 653 opérations de PPP sont en cours avec un montant d'investissement d'environ 60 milliards d'euros. Selon les années, de 11 à 15 % des investissements publics sont réalisés en PPP [3]. Les projets sont le plus souvent complexes et de taille importante [4].

L'Italie a une expérience plus récente. La loi cadre 109/94 de 1994 sur les travaux ouvre la possibilité de contrats en PPP. Son article 19 instaure le PPP à l'instigation d'une autorité publique. Une originalité de la loi italienne est la possibilité, offerte par l'article 37 bis de la loi 109/94, modifiée par la loi 415/98, d'un PPP à l'initiative d'un promoteur privé. Dans le cadre d'un programme d'investissement général d'une autorité publique, le promoteur privé peut prendre l'initiative d'une proposition à l'administration pour le financement, la réalisation et la gestion d'un bâtiment ou d'une infrastructure. En 1999, a été créée, auprès du ministère du Trésor, une agence (*Unita Tecnica Finanza di Progetto* UTFP) chargée de promouvoir le PPP auprès des administrations d'État et des administrations locales. Enfin, la loi 166/2002 refond et toilette les procédures prévues par la loi cadre de 1994 pour les alléger et les rendre plus efficaces.

Le Danemark bénéficie de l'expérience la plus limitée. Des expériences intéressantes de PPP ont lieu au niveau communal. Les municipalités avaient notamment la possibilité de retirer une partie de leurs revenus de la vente d'une partie de leurs infrastructures (écoles, centres culturels, piscines...). Au terme de ces opérations, elles devenaient locataires. Mais un scandale politico-financier autour de la première municipalité à l'origine de cette initiative a mis un terme provisoire à ce modèle. Malgré tout, une initiative gouvernementale lancée en janvier 2004, vise à relancer les contrats de PPP au niveau municipal tout en les encadrant mieux.

La France s'appuie sur l'expérience la plus ancienne en matière de PPP dans le domaine des infrastructures [5]. Mais en matière de bâtiments, l'expérience récente est limitée. Les quelques opérations réalisées l'ont été dans le cadre de la

---

1 Sur l'expérience britannique, *cf.* « Le développement de la procédure de PPP/PFI en Grande-Bretagne », S. Weil, V. Biau. MIQCP. 2003.

2 Sur l'importance de la CABE et l'utilité d'adopter un dispositif similaire en France, cf. « Analyse, à partir d'exemples étrangers, des avantages et des inconvénients des procédures dites de « partenariat public-privé dans le domaine de la construction d'équipements publics, en termes de qualité architecturale et urbaine ainsi que de coûts et de délais de réalisation ». Rapport au ministre de la Culture et de la Communication. Roland Peylet. 4 novembre 2003.

3 *La Lettre d'Apogée* n° 501 23 juin 2004.

4 *Cf. PFI : meeting the investment challenge* HM Treasury. Juillet 2003. Ce rapport conseille de ne pas pratiquer de PPP pour des projets inférieurs à 30 millions d'euros. Cependant, sont actuellement envisagés des projets locaux de taille plus modeste dans le cadre du programme « LIFT ».

5 *Cf.* notamment *Financement des infrastructures et des services collectifs. Le recours au partenariat public-privé*, sous la direction de J.-Y. Perrot et G. Chatelus. Presses des Ponts et Chaussées, 2000.

loi du 22 juin 1987 sur la construction de prisons et les contrats dits de METP (marchés d'entreprises de travaux publics), appliqués pour la construction et la réhabilitation d'établissements d'enseignement, rejetés en juin 1999 par le Conseil d'État. Ponctuellement, des formules juridiques ont été utilisées. Ainsi, l'État peut accorder une « autorisation d'occupation temporaire » (AOT) du domaine public à une personne de droit privé qui peut construire pour le compte de l'État. Les collectivités territoriales sont dans un dispositif comparable quand elles utilisent des « baux emphytéotiques administratifs ».

Le législateur a récemment élargi les possibilités de recours au PPP. La loi du 29 août 2002 d'orientation et de programmation pour la sécurité intérieure (LOPSI), la loi du 9 septembre 2002 d'orientation et de programmation pour la justice, l'ordonnance du 4 septembre 2003 portant simplification de l'organisation du système de santé, instituent des procédures PPP dans trois secteurs particuliers. La loi du 2 juillet 2003 habilitant le gouvernement à simplifier le droit a une portée plus générale. Elle indique dans son article 6 que le gouvernement est autorisé à créer par ordonnance *« de nouvelles formes de contrats conclus par des personnes publiques ou des personnes privées chargées d'une mission de service public pour la conception, la réalisation, la transformation, l'exploitation et le financement d'équipements publics, ou la gestion et le financement de services, ou une combinaison de ces différentes missions »*. L'ordonnance n° 2004-559 du 17 juin 2004 définit le dispositif opérationnel prévu par la loi.

Quatre cas

La recherche dont est tirée le présent chapitre comporte une douzaine de cas. Seuls quatre cas, parmi les plus significatifs, ont été sélectionnés : la restructuration d'un quartier dans l'agglomération de Bologne (Italie) choisi pour sa dimension urbaine ; la construction et la réhabilitation d'écoles à Ølstykke est un exemple intéressant de PPP avec une forte participation des utilisateurs, dans le cadre danois de démocratie participative ; la réhabilitation du siège du ministère des Finances à Londres accorde une place centrale à la mesure de la qualité des services attendus de la gestion privée ; la construction de l'hôtel de police de Strasbourg où le commanditaire est une administration d'État, préfigure l'application de l'ordonnance récente sur le PPP.

Pour chaque cas, l'analyse se focalisera sur les raisons qui ont conduit les autorités publiques à recourir au partenariat public-privé et sur les coûts de ces procédures. En outre, la qualité du service rendu aux utilisateurs fera également l'objet d'une attention particulière dans la mesure où l'amélioration du service rendu aux utilisateurs est souvent avancée pour justifier ces contrats. Enfin, chaque cas nous fournira l'occasion de nous interroger sur les limites de ces procédures.

La restructuration d'un quartier à Bologne

Il s'agit d'une opération de restructuration d'un quartier à Casalecchio di Reno (Bologne), une commune d'environ 33 000 habitants, située à moins de dix kilomètres du centre urbain de Bologne.

Elle comportait trois volets :
- conception réhabilitation de cinq bâtiments de propriété communale ;
- conception construction d'un minimum de soixante logements sociaux ;
- conception construction vente de logements en accession à la propriété.

La procédure suivie est celle instituée par la loi régionale n° 19 du 3 juillet 1998, article 3 qui promeut l'implication d'opérateurs privés dans des programmes de requalification urbaine. Elle aboutit à un contrat global de restructuration urbaine incluant trois opérations, avec une sélection sur des critères performanciels. Le nombre de logements sociaux locatifs neufs, proposé au-delà du scénario de base de la consultation constitue le principal critère.

À travers cette opération, les objectifs de l'administration communale étaient doubles :
- faire financer les travaux de réhabilitation de 165 logements locatifs de propriété communale ;
- faire financer, construire et gérer pendant 30 ans un minimum de soixante logements sociaux, avec une surface minimale.

En échange, le partenaire privé bénéficia :
- d'un apport foncier et de droits constructibles de 14 900 m^2 maximum (selon la quantité finale des logements sociaux locatifs) pour une opération de promotion privée de logements destinés à la vente ;
- de la valeur résiduelle du terrain et des logements locatifs au bout de 30 ans de la convention signée entre les partenaires.

Le coût des travaux envisagés était, dans le scénario de base, de 48 millions d'euros. L'opération a été lancée par un appel d'offres ouvert à la concurrence. Quatre entreprises ou groupements d'entreprises régionales s'y sont présentés.

Le critère principal de l'adjudication était le nombre de logements locatifs sociaux en supplément du scénario de base, sachant que toute surface et nombre de logements sociaux locatifs supplémentaires venaient en déduction des surfaces autorisées pour l'opération de promotion privée. Chaque logement social locatif supplémentaire était compté pour vingt points dans la notation de l'offre de chaque proposant. L'offre et la capacité de l'opérateur (ancienneté de l'activité de l'entreprise, nombre de logements neufs construits au cours des cinq dernières années, nombre de logements gérés au cours des dix dernières années) constituaient les principaux critères de sélection. Les critères complémentaires concernaient la qualité technique du programme de réhabilitation, la qualité environnementale de la réhabilitation et des nouveaux logements locatifs. Après un premier appel d'offres infructueux en mai 2002, un nouvel appel intégrant les modifications souhaitées par les acteurs privés fut lancé. En juin 2003 une commission d'évaluation nommée par le conseil municipal procéda à l'évaluation des quatre offres déposées. L'entreprise lauréate, une PME de promotion gestion de quarante salariés ayant un chiffre d'affaire de 14 millions d'euros, fut désignée en juillet.

Sur l'ensemble de l'opération, le partage des risques entre les acteurs semblait équilibré. Le non-accomplissement de la construction des logements tiroirs destinés à loger les habitants pendant la réhabilitation de leur logement, représentait la préoccupation majeure de l'administration. Ce risque pouvait conditionner le démarrage de la réhabilitation et donc le succès de l'ensemble de l'opération. Les prix de vente des logements et la rapidité de la vente représentaient un aléa important à la charge de l'entreprise. La principale prestation de service intégrée dans l'opération concerne la gestion maintenance des logements à louer. L'entreprise est fortement incitée à délivrer le service requis du fait de ses obligations contractuelles et de la part des loyers pris en charge par l'administration qui représentent 30 % du montant total des loyers. Leur paiement conditionne la rentabilité financière de l'opération. Même si l'interruption du paiement n'est pas prévue explicitement par la convention, elle pourrait devenir un moyen de pression efficace en cas de non-respect des niveaux de service requis.

Un premier bilan effectif de l'ensemble de l'opération et de ses effets ne pourra se faire que d'ici au moins deux ans, quand les deux bâtiments neufs seront en état avancé de construction. Cependant, il est déjà possible de dresser une première analyse de la procédure d'appel d'offres. L'administration admet que les coûts et les délais liés au lancement du premier appel d'offres auraient pu être évités. Cela résultait de son inexpérience dans le montage d'opérations complexes. Une simulation plus réaliste aurait évité cet écueil. Il lui apparaît donc nécessaire à l'avenir, pour toute offre de ce type, de bien étudier l'équilibre économique de la proposition lancée, en se référant aux conditions réelles du marché local de la construction.

La construction et la réhabilitation d'écoles à Ølstykke

En 1999, sous la pression démographique, face à des bâtiments scolaires dégradés et à un manque de ressources municipales, la commune danoise d'Ølstykke (14 600 habitants) proposa un montage financier innovant pour rénover les infrastructures scolaires municipales. Ce projet devait servir de base à la mise en œuvre des méthodes pédagogiques les plus récentes. Le projet de partenariat concernait la vente de quatre écoles et d'un terrain par la commune d'Ølstykke à un organisme de crédit bail. En contrepartie, ce dernier prenait en charge la rénovation et l'extension des quatre écoles existantes et la réalisation d'une école nouvelle de 8 600 m^2. La commune de son côté louait les cinq écoles pendant 25 ans avec possibilité de rachat anticipé.

Le dispositif contractuel comportait trois dimensions :
– un contrat de vente et de relocation pendant 25 ans entre la commune et Nordania Finans, avec possibilité de rachat anticipé, au même montant que le produit de la vente à partir de 15 ans, avec relocation à un loyer égal à 2,66 % du montant de la vente ;
– le placement en obligations du produit de la vente sur deux comptes bloqués pendant 10 ans auprès des deux organismes financiers sur la base d'un taux d'intérêt de 5,5 % par an ;
– un contrat de partenariat avec un chef de file NCC, deuxième entreprise générale des pays nordiques.

Le montant du projet était de 36 millions d'euros.

Le concédant, maître d'ouvrage et gestionnaire des cinq écoles, est la commune d'Ølstykke. Assistée d'un superviseur, elle assura le suivi de la conception et de la réalisation. NCC fut responsable de l'équipe intégrée conception construction. Son offre était la plus attractive en croisant les critères de prix, de gestion de la qualité et de l'environnement, de la gestion transparente des coûts et de la future organisation des écoles. L'organisme de financement Nordania Finans AS, filiale de Dansk Bank, est spécialisé dans le crédit bail pour les collectivités locales et les services publics. Deux organismes de gestion des placements en obligations complétaient le partenariat.

La commande municipale n'était pas basée sur un programme mais sur une vision (« Quelle école pour le futur ? ») et une démarche de choix du processus de réalisation du projet (« Quel type de projet nous faut-il ? »). Dans les faits, ceci s'est traduit par une grande importance accordée au dialogue et à la coproduction avec les futurs utilisateurs. Selon la municipalité, l'envergure du projet était trop importante pour qu'il soit sous le pilotage des seuls personnels de l'enseignement primaire et secondaire. L'objectif étant de trouver des usages alternatifs aux bâtiments scolaires, il importait d'impliquer des personnes extérieures aux métiers de l'éducation, notamment les parents d'élèves, les habitants, les élèves, les responsables d'associations. Cette approche participative a requis beaucoup de temps consacré aux discussions. Un an et demi fut nécessaire pour que la municipalité définisse sa vision. Mais ces réunions permirent de définir et d'élaborer les diagrammes fonctionnels du bâtiment. Le dialogue avec les architectes pour définir les caractéristiques architecturales, fonctionnelles et techniques des bâtiments scolaires, en coproduction avec les enseignants, s'étala sur neuf mois. Cette volonté de dialogue et le dispositif de gestion transparente des coûts a conduit à un débat relatif au niveau de qualité des prestations. L'entrepreneur souhaitait respecter le budget de dépenses directes, voire le réduire alors que le superviseur voulait un niveau de qualité supérieur. À la demande de ce dernier, la municipalité a décidé d'augmenter le budget des dépenses directes pour améliorer la qualité du projet et intégrer de nouvelles exigences concernant l'équipement sportif de la nouvelle école. Cette modification n'a pas engendré de hausse des honoraires de conception, d'études et de coordination.

Un premier bilan de cette opération peut apparaître prématuré faute d'un recul suffisant. En dépit du succès apparent de l'opération, certaines limites pointent :
– un risque financier assez important, lié à l'évolution des taux d'intérêt, pèse sur la municipalité. Pour réduire ce risque, les recettes de la vente ont été placées auprès des deux institutions financières. De plus, les bénéfices des placements, limités à 5 % des recettes de la vente, sont réinvestis dans le projet scolaire et dans la maintenance des bâtiments de la commune ;
– le superviseur, désigné par la commune pour la conseiller dans le management du contrat, a contribué à rassurer celle-ci mais ses compétences techniques et sa disponibilité (il était déjà impliqué dans deux autres projets analogues) étaient trop limitées pour assurer une supervision détaillée ;
– la volonté des professionnels de collaborer sur une « salle projet » s'est traduite par un échec. Les ingénieurs comme les architectes ont l'habitude de travailler en même temps sur plusieurs projets. Ils ne se sont donc pas impliqués physiquement dans la salle projet, prévue pour le travail en équipe de tous les partenaires. Ils se sont limités à participer aux réunions. La salle projet a surtout fonctionné pour les cinq équipes projets de l'entreprise et de ses filiales, ses sous-traitants et les indépendants.

La réhabilitation du siège du ministère des Finances à Londres

L'opération porte sur le financement, la conception, la réhabilitation et la gestion multiservice pendant 35 ans du bâtiment hébergeant le ministère des Finances à Londres. L'opération de réhabilitation concerne le bâtiment historique occupé par le ministère. Ce bâtiment avait été conçu et construit entre 1898 et 1917. L'analyse porte sur la première tranche de la réhabilitation livrée depuis 2002. Le maître d'ouvrage est le ministère des Finances assisté d'experts techniques, financiers et juridiques. Le maître d'œuvre est le cabinet d'architectes Foster & Partners. Le partenaire privé est le consortium Exchequer Partnership. Ce consortium est constitué par une entreprise générale (Bovis Lend Lease), un promoteur immobilier (Stanhope plc) et une société de gestion multiservice (Chesterton). Le financeur de l'opération est Ambac International.

Dès le lancement du projet, le maître d'ouvrage a défini deux cahiers des charges très détaillés :
– l'un décrivait les fonctionnalités offertes par le bâtiment. Ce premier élément s'avérait essentiel puisque le programme était élaboré pour accompagner un changement d'organisation et de fonctionnement du ministère (relations hiérarchiques moins fortes, travail en équipe...) qui se traduisait par l'introduction de nouveaux espaces de travail (bureaux paysagers, espaces de rencontre...) [1] ;
– l'autre cahier des charges précisait les services délivrés aux usagers du bâtiment (sécurité, restauration des usagers, nettoyage des bâtiments, gardiennage...).

Le montant de la première tranche de l'opération s'élevait à 204 millions d'euros. Dans ce montant, 42 couvrent à la fois les coûts du montage du projet supportés par le consortium et les coûts de l'appel d'offres financier. La redevance annuelle versée par le ministère des Finances pour financer la réhabilitation du bâtiment et les frais de maintenance s'élève à 20,3 millions d'euros [2].

Ces montants n'intègrent pas : les coûts des appels d'offres supportés par les sociétés qui n'ont pas été retenues dans le projet final ; les coûts supportés par le ministère des Finances qui s'est entouré de nombreux consultants : juridique, financier et technique et en assurance.

Le consortium a assumé les risques relatifs aux délais de construction et à la qualité du bâtiment finalement délivré. Dans la mesure où le bâtiment était ancien et avait fait l'objet d'une gestion peu rigoureuse, ces risques étaient relativement importants. Les risques liés à la maintenance du bâtiment pendant 35 ans et à la délivrance du service aux occupants du bâtiment sont principalement assurés par les sociétés de multiservice immobilier *(facilities management)*. Le système de pénalités instauré ampute une partie de leurs revenus si les services délivrés aux usagers du bâtiment ne sont pas conformes à ce qui a été défini contractuellement. Une partie de ces risques est reportée sur les sous-traitants. La société financière retenue à l'issue de l'appel d'offres a garanti que les détenteurs d'obligations seraient remboursés en cas de défaillance du consortium. C'est

---

[1] Cette volonté de concevoir un bâtiment pour accompagner un changement de mode et d'organisation du travail n'est pas sans rappeler la conception du technocentre de Renault, évoquée dans le présent ouvrage par François Lautier.
[2] Sur la base de 1£ = 1,45 euro.

notamment le cas si le consortium n'est pas capable de répondre à ses obligations contractuelles. Face à ce risque, cette société financière a prévu une réserve pour se prémunir de toute défaillance. Elle reçoit davantage du consortium qu'elle ne rembourse aux détenteurs d'obligations.

Grâce au cahier des charges très précis, comportant quatre-vingts indicateurs relatifs à la gestion du bâtiment (soixante-dix d'entre eux donnent lieu à des sanctions financières s'ils ne sont pas respectés), une équipe de cinq personnes interne au ministère des Finances, dispose d'un moyen pour contrôler et sanctionner les sociétés de multiservice immobilier, chargées de la maintenance du bâtiment et du service aux occupants. Outre les audits internes, cette équipe mène les enquêtes de satisfaction auprès des occupants.

Le système d'incitation mis en place couvre douze domaines liés à la gestion physique du bâtiment et aux services. Ces domaines sont ensuite éclatés en plusieurs rubriques selon la partie du bâtiment concernée. En cas de problèmes concernant le bâtiment et ses usages, les occupants doivent appeler la plate-forme du service d'assistance. C'est à partir de ce moment que la rapidité d'intervention du prestataire est appréciée. Les prestataires bénéficient d'un budget temps mensuel d'intervention. Passée cette limite, la sanction financière tombe et vient en retrait des mensualités versées par le ministère.

Le point de vue de Huw Thomas et Philip Eichstadt, architectes chez Foster & Partners

Du point de vue de Foster & Partners, trois éléments essentiels caractérisent le processus de partenariat public-privé mis en œuvre pour la réhabilitation du siège du ministère des Finances à Londres : la qualité du programme, le partenariat avec les futurs gestionnaires et utilisateurs, le temps de la communication. Le programme de la réhabilitation est d'une très grande qualité. Il se caractérise par deux documents détaillés : le programme des fonctionnalités du bâtiment (occupier brief) et le programme des résultats à atteindre en matière de qualité de service aux utilisateurs (output brief).

Le second élément est que le processus en PPP a obligé l'architecte à voir et concevoir le projet d'une nouvelle manière, car l'architecte avait comme partenaires, dès le début de la conception, le futur gestionnaire et les futurs utilisateurs (les représentants du ministère des Finances et de leurs fonctionnaires). C'était, pour l'architecte, un regard inhabituel sur son projet : le point de vue de l'utilisateur final. De nombreuses observations ont été faites et prises en compte sur l'usage des bureaux, le remplacement d'équipements, le coût de l'entretien et de la maintenance.

Le troisième élément est le temps de la communication et de l'échange en amont du projet et lors de sa réalisation. Dans un projet très important et très complexe comme celui-ci, le temps et la qualité de la communication entre les différents partenaires sont essentiels.

Après deux années de fonctionnement du bâtiment, le projet est considéré comme une réussite par l'ensemble des partenaires. L'approche en partenariat public-privé a notamment contribué à l'évolution des mentalités. Auparavant, la maintenance des bâtiments était considérée comme secondaire. En cas d'arbitrages budgétaires, le budget maintenance était fréquemment amputé. Ce n'est plus le cas puisque le prestataire doit rendre le bâtiment en fin de contrat dans l'état actuel et qu'il est payé pour ce service. Sur le plan opérationnel, quelques dysfonctionnements ont été enregistrés. La plate-forme du service d'assistance a rencontré de gros problèmes à ses débuts. Les deux sociétés chargées de la gestion multi-technique et multiservice éprouvaient quelques difficultés de communication et l'utilisation du logiciel de gestion des réclamations a posé quelques problèmes. Il aurait été souhaitable, sur ce plan, de travailler en amont avec les salariés de la plate-forme pour être plus rapidement opérationnel.

L'approche en coût global a été limitée alors qu'elle est souvent présentée comme un argument en faveur de ce type de partenariat. La société qui a obtenu le contrat de gestion multi-technique et qui appartient au même groupe que l'entreprise de construction, considère qu'une meilleure intégration des deux activités serait souhaitable. Les propositions établies à la signature du contrat ont avant tout été du ressort des équipes commerciales. Les équipes techniques qui assurent aujourd'hui la maintenance des bâtiments, auraient été mieux à même d'anticiper certains dysfonctionnements actuels si elles avaient été impliquées lors des premières rencontres. Même au sein d'un seul groupe, une approche en coût global n'est pas facile à adopter puisque les deux filiales s'appuient sur des activités et une culture différentes. La société chargée de la maintenance des bâtiments considère que le système des indicateurs de performance n'est pas assez incitatif (notamment sur le plan des économies d'énergie à réaliser). Il est en fait essentiellement pénalisant. Par ailleurs, il apparaît que certains indicateurs de performance établis avant l'occupation et l'usage des bâtiments, ne sont pas toujours pertinents et relèvent plus d'une approche technicienne que d'une véritable réflexion sur le comportement des usagers du bâtiment.

La construction de l'hôtel de police de Strasbourg

L'opération porte sur le financement, la conception, la construction et la gestion technique de l'hôtel de police de Strasbourg. L'ensemble construit a une surface hors œuvre nette de 15 700 m^2 et permet le regroupement de 1 087 fonctionnaires appartenant à sept services auparavant dispersés. Le dispositif repose sur une autorisation d'occupation temporaire (AOT) du domaine public, délivrée par le ministère de l'Intérieur à une société civile immobilière. Cette AOT est articulée à une convention d'occupation d'un immeuble bâti au profit de l'État, définissant une location avec option d'achat (LOA). Le maître d'ouvrage investisseur est une société civile immobilière qui passe un contrat de promotion immobilière avec un promoteur et un contrat de maintenance avec un gestionnaire technique. Le promoteur confie la conception réalisation à un groupement associant un maître d'œuvre et une entreprise générale. Le montant de l'opération s'est élevé à 24 millions d'euros hors taxes. Il est financé par un loyer annuel de 2,5 millions d'euros hors taxes pendant un minimum de 12 ans pour une OAT d'une durée de 25 ans avec un contrat de maintenance technique coûtant 184 000 euros par an.

Initialement, le choix de cette procédure résultait de l'insuffisance de crédits publics pour réaliser un programme de plusieurs grands hôtels de police. Mais au fil du projet, d'autres arguments furent avancés : la négociation obligeait le commanditaire à définir de façon précise la nature du bâtiment et les résultats attendus ; la procédure garantissait en principe le prix (hors modification de programme à la demande du commanditaire), les délais et la rapidité de livraison ; l'intégration contractuelle de la gestion technique du bâtiment au financement, à la conception et la construction devait contribuer à améliorer la qualité du service rendu et apporter une meilleure réponse aux besoins des utilisateurs. Elle devait également préserver dans le temps la valeur d'usage grâce à un entretien/maintenance correct.

La formalisation de la commande s'est faite sous la forme d'un cahier des charges pour le bâtiment. Aucun cahier des charges n'a été élaboré pour la gestion du bâtiment. Le chantier, prévoyait qu'en cas de retard l'entreprise subirait une forte pénalité. À l'inverse, en cas d'avance, une quote-part substantielle du loyer gagné serait versée par le maître d'ouvrage à l'entreprise. Le chantier prévu pour vingt et un mois ayant été livré avec deux mois d'avance, l'entreprise bénéficia d'une partie du loyer gagné. Dans le dispositif, le secteur privé assume l'essentiel des risques : risque d'échec d'une négociation complexe ; risque de promotion, de chantier, de maintenance, et surtout risques financiers liés à un montage complexe. Ces risques sont liés d'une part à l'incertitude portant sur l'évolution des taux du marché pendant les deux ans qui séparent la fixation du loyer au moment de la signature de l'AOT, de la fin du chantier. D'autre part, les risques portaient sur les évolutions futures du taux de financement et de l'indice INSEE du coût de la construction sur lequel le loyer était indexé.

Deux ans et demi après l'emménagement dans les locaux de l'hôtel de police, un premier bilan de ce projet de partenariat est possible. La qualité du service incorporé dans l'ouvrage fut jugée satisfaisante par l'utilisateur. Un facteur de succès a été la mise en place, dès la conception, d'une cellule des services utilisateurs, animée par le responsable local de la gestion de l'hôtel de police. Le dialogue entre cette cellule, le maître d'ouvrage et le maître d'œuvre a été particulièrement utile dans la définition de la qualité d'usage de l'immeuble. Malgré tout, faute d'un cahier des charges suffisamment précis, quelques défauts mineurs dans la conception des équipements spécifiques (nature de la paroi acoustique du stand de tir, pièces métalliques dans le local de garde à vue, protection de l'armurerie) furent relevés. Par ailleurs, aucun cahier des charges relatif à la gestion de l'ouvrage ne fut établi. Le contrat d'exploitation et de maintenances des installations techniques (chauffage, ventilation, climatisation, plomberie, électricité courant fort et courant faible, étanchéité des terrasses, protection incendie, visites des cuisines, portes automatiques, ascenseurs) signé entre le maître d'ouvrage privé et le gestionnaire technique ne comporte aucune pénalité financière en cas de non-respect des engagements. Il apparaît même que la valeur du contrat de maintenance a été légèrement surévaluée. Malgré l'absence de clause comportant un système de pénalités, le contrat peut être résilié par le maître d'ouvrage privé à la demande du commanditaire public en cas de « manquements graves » du gestionnaire.

La procédure ISO, que le gestionnaire technique mettra progressivement en place, se traduira par l'élaboration d'indicateurs de qualité (taux de panne, délais d'intervention, etc.) et la réalisation d'une enquête de satisfaction annuelle. Mais c'est une démarche propre au gestionnaire technique qui n'est pas mise en place à la demande du client. Ce PPP a cependant permis au ministère de l'Intérieur de perfectionner son métier d'investisseur immobilier, traité jusqu'alors essentiellement dans sa dimension technique. Il a notamment développé de nouvelles compétences juridiques et financières, saisi les enjeux relatifs au montage et à la réalisation d'un projet (rédaction d'un cahier des charges détaillé, nécessité d'un dialogue régulier entre chargé d'opération et utilisateur) et pris conscience de l'importance de la gestion immobilière.

Le point de vue de Michel Macary, architecte du projet

Michel Macary n'est ni pour ni contre le partenariat public-privé. Loi maîtrise d'ouvrage publique ou partenariat public-privé, il n'y a pas de méthode miracle pour garantir la qualité d'un projet. Dans tous les cas, deux conditions jouent un rôle essentiel : la compétence du maître d'ouvrage et son intérêt pour l'architecture. Le PPP présente deux principaux avantages, liés au fait que l'architecte travaille en partenariat avec l'entreprise, le maître d'ouvrage gestionnaire et les futurs utilisateurs. Le premier avantage est que l'architecte conçoit un projet qui est chiffré par l'entreprise. Dans un concours d'architecture, l'architecte travaille sur un dessin ; le chiffrage est en général sous estimé. Le jury prend rarement en compte le coût du projet pour choisir le lauréat. Certes, en PPP, l'agence d'architecture doit être capable de discuter les estimations de l'entreprise. Mais après discussion, l'architecte connaît le prix réel du projet et de ses modifications successives. Le second avantage est lié aux discussions, pendant la conception, avec le futur gestionnaire et les futurs utilisateurs. Les préoccupations d'usage, de maintenance et de durabilité sont prises en compte dans la conception. Dans le cas de l'hôtel de police de Strasbourg, les futurs utilisateurs auraient même dû intervenir plus tôt. Cette discussion permanente centrée sur trois acteurs, le maître d'ouvrage gestionnaire, l'entreprise et l'architecte est très productive. Du point de vue de l'architecte, cette situation est beaucoup plus intéressante que celle générée par les concours conception réalisation, dans laquelle l'architecte est souvent en situation défavorable face à l'entreprise.

Mais pour produire un projet de qualité, le partenariat public-privé doit remplir plusieurs conditions. La première condition est la qualité, et la sensibilité à l'architecture des principaux décideurs du processus : le commanditaire public et les dirigeants du consortium privé. La qualité de l'architecture doit être un critère de choix du consortium privé par le commanditaire public. La deuxième condition est la qualité du programme du maître d'ouvrage. Ce programme, élaboré par un maître d'ouvrage compétent, doit être précis et stable dans le temps. La troisième condition est qu'il est souhaitable que l'architecte ait une mission complète, ne se limitant pas à la conception, mais comprenant le suivi du chantier. Enfin, une quatrième condition est un délai d'étude suffisant en début de processus. « Perdre » deux mois au début, pour approfondir et discuter le projet, permet de mieux maîtriser ensuite la qualité, les délais et le budget.

Quelques enseignements

Dans son chapitre sur l'évolution de la maîtrise d'ouvrage en Europe, François Lautier exprime trois idées importantes, confortées par l'analyse du partenariat public-privé :
– en confiant une mission d'envergure au secteur privé, l'autorité publique cherche à renforcer sa maîtrise du processus et non à confier une partie de son pouvoir au privé ;
– de nouveaux rapports s'instituent entre production et gestion du cadre bâti, avec une montée des exigences de la gestion ;
– les objets construits commandés par la maîtrise d'ouvrage sont de plus en plus définis selon l'usage attendu et le service rendu.

Assurer un meilleur contrôle public de la relation contractuelle

Pour une autorité publique, marquer un désintérêt pour la prestation déléguée à un consortium privé est un facteur d'échec du PPP. Comme l'indique l'expérience anglaise, l'élaboration d'un cadre contractuel solide est une des conditions nécessaires (mais non suffisantes) de la réussite du partenariat. En effet, une des caractéristiques principales de ces contrats est d'engager l'autorité publique et ses partenaires sur de très longues périodes. Ainsi le contrat de concession signé entre le ministère des Finances britannique et le consortium porte sur trente-cinq années. À Strasbourg, le ministère de l'Intérieur s'engage avec son partenaire pour un minimum de douze ans.

Or, de telles durées sont source d'opportunisme (théories [1] de l'agence et des coûts de transaction [2]). Cette situation découle du contexte d'information imparfaite. Comme le précise la théorie de l'agence, avant la signature d'un contrat, les asymétries d'information rendent incomplets les contrats qui lient deux parties et posent le risque de « sélection adverse » (opportunisme *ex ante*). Cette situation risque d'amener l'un des deux signataires à adopter une attitude opportuniste préjudiciable à l'autre partie. Dans le cas de la production et de la gestion des bâtiments, la relation entre un prestataire et son client, ce risque est omniprésent : le client s'engage sans savoir précisément ce que son prestataire va lui offrir comme résultat.

Cet opportunisme *ex ante* se double du problème du risque moral (opportunisme *ex post*) qui surgit après la signature du contrat. L'agent (dans notre cas le prestataire) peut notamment être amené à ne pas respecter ses engagements initiaux et à adopter des choix stratégiques contraires aux intérêts du principal (le client). L'opportunisme des agents serait en fait annihilé si les offreurs et les acheteurs d'un bien ou d'un service se livraient une concurrence permanente. Mais ce n'est pas le cas dans les contrats de PPP qui engagent les acteurs sur de longues périodes.

---

[1] Eisenhardt K.M., 1989, « Agency theory : An asssessment and review », *Academy of Management Review*, volume 14, n° 1, 57-74.
[2] Williamson O.E., 1991, « Strategizing, economizing, and economic organization », *Strategic Management journal*, volume 12, 75-94.

Ceci démontre combien la qualité de la formulation de la commande, tant en termes d'ouvrage que de service, est la condition de départ essentielle au succès du processus. Dans toutes les étapes suivantes, l'application forte d'un commanditaire public compétent doit se poursuivre. Il importe notamment d'élaborer un cahier des charges exigentielles non seulement en terme de fonctionnalité des bâtiments, mais aussi en terme de niveau des services attendus dans la gestion des bâtiments. Dans ce domaine, les autorités publiques ne disposant pas de compétences suffisantes, il est indispensable qu'elles s'entourent de conseillers de haut niveau dans les domaines architectural, juridique, technique et financier. C'est d'ailleurs un revers de ce type de contrat. Plus les projets sont complexes, plus les coûts de montage sont élevés et renchérissent le coût du PPP. Par exemple, dans le cas anglais examiné, 42 des 204 millions d'euros destinés à financer le projet couvrent les coûts du montage du projet supportés par le consortium et les coûts de l'appel d'offres financier.

Par ailleurs, des solutions existent pour mieux maîtriser le coût de mise au point des projets. L'utilisation des clauses contractuelles standardisées, le recours à des études mises à la disposition de tous les candidats, la mise en place de dispositifs de partage des gains (en cas de bonnes performances et de refinancement au cours de la vie du projet) garantissent également un meilleur contrôle du processus au cours de la vie du projet. Ce meilleur contrôle public de la relation contractuelle doit également permettre d'optimiser le transfert du risque et non le maximiser. Un risque transféré de manière inappropriée peut se traduire par une prime de risque exceptionnellement élevée que devra payer la personne publique. Par exemple dans certains projets britanniques, certains risques furent transférés au privé alors qu'il n'était pas toujours le mieux à même de gérer ces risques. De telles situations engendraient un renchérissement immédiat du coût du projet puisque la prime de risque à payer était alors plus élevée.

Les nouveaux rapports entre production et gestion du cadre bâti

Les analyses de cas confirment également la modification des rapports entre production et gestion du cadre bâti. Selon Graham Winch, ce rapprochement de la production et de la gestion au travers du PPP serait même la principale innovation du BTP britannique depuis deux siècles [1]. Faire participer activement des représentants des utilisateurs et le futur gestionnaire à la conception du projet est un facteur de progrès essentiel du PPP. Les architectes interviewés apprécient l'amélioration de leur projet grâce à cette intervention, même si dans certains cas cette concertation est délicate à gérer (exemple du cas danois). Cependant, si le PPP favorise le rapprochement entre production et gestion, il ne le garantit pas. Dans certains projets, la production et la gestion sont assurées par deux filiales d'une même entreprise or ces filiales n'ont bien souvent aucune tradition de coopération. Elles fonctionnent avant tout comme des entités autonomes sans vision commune du métier de la production et de la gestion du bâtiment. L'héritage de la séparation absolue, dans le bâtiment, de la production et de la gestion, est telle-

---

[1] Winch G. « Institutional reform in British construction : Partnering and private finance ». *Building Research and Information*, 28 (2), 2000, p. 153.

ment ancré dans la culture des acteurs que le changement sera très progressif et nécessitera un long apprentissage. Mais le développement des contrats globaux devrait favoriser cette évolution dans le bon sens et améliorer la qualité du service rendu aux usagers du bâtiment.

Le rôle croissant du service aux usagers du bâtiment

Comme l'indique François Lautier, les objets construits commandés par la maîtrise d'ouvrage sont de plus en plus définis selon un usage attendu et un service à rendre. Le Royaume-Uni est en avance sur cette question. Dans le cas étudié, la mesure de la qualité du service rendu aux utilisateurs des ouvrages est au centre du dispositif contractuel. Indicateurs de résultats, incitations et pénalités financières, partage de gains, enquêtes de satisfaction et audits périodiques sont les principaux outils à utiliser pour s'assurer d'une bonne qualité de service.

Cette dimension essentielle se heurte, en France, dans le bâtiment, à une insuffisance de culture du service et à une sous estimation de l'importance de la gestion et de la maintenance. Selon le responsable de la sous-direction chargée des affaires immobilières du ministère de l'Intérieur, quand on commande la construction d'un hôtel de police, l'objectif doit être de faire comprendre à ses collaborateurs que la commande porte plus sur le service que sur l'objet.

Conclusion

Malgré la croissance qu'il a enregistrée dans plusieurs pays, le PPP restera minoritaire. Dans le pays le plus favorable au PPP, le Royaume-Uni, le partenariat public-privé n'assure selon les années que de 11 à 14 % de l'investissement public. La commande publique restera toujours très majoritaire. Plutôt que de craindre le PPP, les autorités publiques ont tout intérêt à utiliser ce dispositif pour améliorer les procédures de la commande publique. Plutôt que d'opposer procédures publiques et PPP, analysons comment elles peuvent s'enrichir l'une l'autre pour un meilleur service, à coût maîtrisé, à l'utilisateur final.

Précision de la commande, définition du service attendu, incorporation de compétences juridique et financière, association des utilisateurs à la conception, incitations financières au raccourcissement des délais de réalisation, contrats de gestion multiservice, indicateurs de qualité de la gestion, incitations à la réduction des frais de fonctionnement, redéfinition de la fonction gestion immobilière sont des exemples d'apprentissages potentiels issus notamment du PPP et tout à fait utilisables dans les procédures publiques.

••• Chapitre 5

La construction des expertises techniques au sein du processus de projet

Jean-Jacques Terrin [1]

Éléments d'un bilan : de nouvelles synergies entre conception et technologie

Nombreuses sont les recherches récentes qui ont révélé l'importante évolution des métiers et des processus de projet dans le domaine de l'urbanisme et de l'architecture. Je me réfère ici plus particulièrement à trois ensembles de travaux : les contributions rassemblées dans le cadre de l'action Euroconception menée par le PUCA sous la direction de Michel Bonnet ; les études élaborées dans le cadre d'une action intitulée « Pratiques de projet et ingénieries », que j'ai dirigée pour le PUCA ; la recherche entreprise pour l'ACIV (Action concertée incitative ville) du ministère de la Recherche par l'équipe du génie des systèmes urbains de l'université de technologie de Compiègne, sous ma direction, avec la collaboration de Lamia Tiraoui, dont l'objectif était d'étudier les « Influences des technologies liées aux ambiances sur la conduite de projet urbain ». Ces dynamiques de recherche ont permis la confrontation de nombreux chercheurs et professionnels. Elles ont mis en évidence différents croisements de savoir-faire qui s'opèrent actuellement au sein du projet, que ceux-ci proviennent de la maîtrise d'ouvrage, de la maîtrise d'œuvre et de la production entre les échelles qui procèdent de démarches urbaines et celles qui procèdent de démarches architecturales ; entre les compétences qui agissent traditionnellement en amont des projets et celles qui agissent en aval ; entre les activités émergentes et les disciplines traditionnelles. Parmi ces constats, il en est un qui est loin de faire l'unanimité. Il s'agit de celui qui révèle le rapprochement qui s'opère dans de nombreux domaines entre projet et technologie. C'est ce rapprochement et les synergies qui en résultent qui sont développés dans la présente contribution. Dans ce contexte, nous observerons plus spécifiquement le déploiement des expertises dédiées aux ambiances et leur rôle croissant dans les projets architecturaux et urbains.

---

[1] Architecte, professeur à l'école d'architecture de Versailles, membre du Laboratoire théories des mutations urbaines.

Les processus de projet se transforment

Une nouvelle culture de projet urbain se dessine

La modification des pratiques urbaines s'appuie sur un contexte social qui se transforme progressivement. Dans un nombre de plus en plus significatif de projets les habitants demandent en effet que les réflexions menées sur leur ville prennent mieux en compte leurs modes de vie. Une nouvelle culture urbaine semble ainsi voir le jour, constituée d'un ensemble de pratiques sociales qui, dans une certaine mesure, se fondent sur une notion de développement durable, autour de questions réunissant le quotidien et le long terme. Au-delà d'aspirations pour une meilleure prise en compte de facteurs strictement environnementaux, elle intègre les spécificités de chaque territoire, que celles-ci soient de nature économique, sociale, culturelle, éducationnelle. Il en découle, dans un certain nombre de projets, une véritable refondation du politique au sein des processus de fabrication de la ville [1]. Une telle démarche de valorisation – ou de ménagement du territoire urbain, pour reprendre l'expression de Pascal Amphoux – implique des facultés visionnaires de la part des décideurs politiques comme de leurs maîtrises d'ouvrage. Les décisions stratégiques y précèdent les choix programmatiques, initient et structurent le débat démocratique [2]. Une culture de projet commune y associe tous les acteurs de la ville. Pour favoriser ce débat, la formulation des enjeux stratégiques et des objectifs opérationnels dictés par les politiques – auparavant quantitativement et qualitativement plus précise – est aujourd'hui plus floue, plus métaphorique et donc plus près d'un imaginaire qui facilite le dialogue. En témoignent, à titre d'exemple, les extraits de notes programmatiques de villes ayant proposé des sites pour la session d'Europan [3] six en France : Clermont-Ferrand suggère aux architectes de requalifier l'ensemble des espaces pour lui donner une identité de quartier latin Clermontois, tandis que Rennes parle de renouveler un morceau de ville en travaillant sur la problématique patrimoine/modernité. Quant à la ville de Groningen aux Pays-Bas, elle recommande à ses candidats, comme fil conducteur pour l'aménagement d'une voie du centre ville, de raconter en quelque sorte une histoire, *design a story*, au travers du projet.

Le programme s'élabore au fur et à mesure de l'avancement de la conception ; les stratégies sont précisées, les objectifs validés – ou invalidés – par une formalisation progressive du projet qu'alimentent des débats entre élus, habitants et techniciens. Dans ce contexte de recomposition, dont de nombreux facteurs d'évolution sont désormais identifiés [4], les professionnels de la ville renouvellent leurs pratiques. La commande changeant de nature, les processus de conception se transforment en conséquence. Ces attitudes entraînent la constitution de nouveaux

---

[1] Gili R., Courdurier E., GRAIN, *Le retour du politique dans la maîtrise d'ouvrage*, PUCA, séminaire « Maîtrise d'ouvrage et évolution de la commande ». Actes colloque CSTB, 2000.

[2] Séminaires habitants Rennes, Lares.

[3] Europan est un programme d'architecture nouvelle commun à un ensemble de pays européens. Il organise des concours d'idées suivis de réalisations, ouverts aux jeunes architectes de toute l'Europe.

[4] *Cf.* notamment les publications d'Euroconception, les comptes-rendus des séminaires « Maîtrise d'ouvrage et évolution de la commande », les documents préparatoires des séminaires « Pratiques de projet et ingénieries » organisés par le PUCA et le CSTB.

langages entre maîtrises d'ouvrage urbaines, concepteurs, producteurs et usagers de l'espace urbain, que facilitent sans doute les nouvelles technologies, à moins qu'elles ne les déterminent. Par le flou et l'aléatoire qu'elles autorisent, par leur faculté à faire émerger progressivement une idée, les techniques de modélisation, de représentation, de simulation constituent de nouvelles écritures pour l'élaboration du projet, celui-ci devenant débat, séduction, négociation [1] avant d'être la description d'un objet à réaliser. Par la description de situations urbaines, faites d'images, d'analogies, de métaphores, mais aussi de données mesurables, le projet urbain raconte une histoire dans laquelle la notion d'ambiance joue un jeu à la fois sensible et technique, dont émergent progressivement des débats, puis des options programmatiques et enfin des choix conceptuels.

Des exigences renforcées

Retenons de notre constat initial trois composantes de la transformation des pratiques de projet urbain : la place accrue de la société civile dans les mécanismes de décision ; le retour du politique qui remplit son rôle de maître d'ouvrage à part entière dans le processus de fabrication de sa ville ; une évolution importante du rôle des acteurs [2] liée au développement d'une réflexivité [3] accrue entre eux et à une meilleure prise en compte de l'usage et de la durée de vie des ouvrages.

Parallèlement, nous observons que des expertises qui s'étaient développées en aval de la conception, essentiellement pour répondre à des tâches d'évaluation, se mobilisent de plus en plus fréquemment aux phases amont de la programmation et de la faisabilité [4]. Le rapport entre nouvelles technologies et projet urbain peut être questionné à de nombreuses étapes de l'avancement du projet. Néanmoins, c'est au niveau des phases de définition du projet que l'on découvre sans doute le plus d'éléments d'une nature nouvelle, décrivant un ensemble de performances et de qualités environnementales, se déclinant le plus souvent en termes d'ambiances et de confort, de maîtrise énergétique, de durabilité, voire de gestion patrimoniale. On pourrait résumer cette tendance en disant que le programme est en passe de devenir un outil performantiel [5] en plus d'être un outil de consensus. Face à cette nouvelle aptitude du maître d'ouvrage à assumer un rôle prescriptif et intégrateur, le concepteur est invité à modifier sa démarche : il doit composer avec des éléments qui faisaient autrefois partie des « résultantes » du projet et qui lui sont donnés désormais en amont de celui-ci : le confort, la sécurité ou la

---

1 Amphoux P., *La notion d'ambiance*, PUCA, 1998.

2 Tapie G., Courdurier E., *Les professions de la maîtrise d'œuvre*. Contrat d'étude prospective. La Documentation française, 2004.

3 Ascher F., *Ces évènements nous dépassent, feignons d'en être les organisateurs*, éditions de l'Aube, 2001.

4 GREMAP *L'ingénierie concourante dans le Bâtiment*. Synthèse des travaux du GREMAP (groupe de réflexion sur le management de projet). PUCA, 1996 ; Midler C., Ben Mahmoud-Jouini Sihem, *Competition by Innovation and the Dynamics of Design Systems in French Companies*, Second French-Japonese Business History Conference, 1998.

5 Selon G. Blachère, l'*exigence*, c'est ce qu'un donneur d'ordre ou un client veut obtenir d'un produit. La *performance* est une propriété physique du bâtiment ou du produit, propriété considérée parce qu'elle permet au bâtiment de répondre aux exigences et au produit de jouer le rôle qui lui est assigné dans le bâtiment. Les performances d'un bâtiment représentent donc un ensemble de caractéristiques mesurables ou identifiables qui contribuent à déterminer son aptitude à remplir ses différentes fonctions.

santé par exemple. On peut d'ailleurs se demander si la maîtrise d'œuvre possède toutes les compétences requises pour intégrer et traiter ces exigences issues de l'usage. Et si ce n'était pas le cas, vers quelles associations de savoir-faire ou vers quel repositionnement des tâches faudrait-il qu'elle s'oriente pour que son projet réponde aux exigences nouvellement exprimées de la maîtrise d'ouvrage ? Cet élargissement des exigences se traduit par l'implication de nouvelles compétences qui acquièrent de l'importance dès les premières phases du projet puis, logiquement, tout au long de son suivi, de sa réalisation et de sa maintenance.

Dit autrement, une des questions qui se profilent est celle des enjeux et des conséquences d'un pilotage du projet par l'aval du fait de l'accroissement du poids décisionnel d'acteurs représentatifs de la vie de l'ouvrage : utilisateurs, gestionnaires, *facility managers*. Or, prendre concrètement en compte dans la conception d'un espace architectural ou urbain des préoccupations concernant l'ensemble de son cycle de vie nécessite de considérer les incidences de ce qui se décide en amont de sa programmation, et surtout celles qui proviennent de son fonctionnement futur et donc des contraintes liées à son entretien, sa maintenance, ses transformations éventuelles, sa destruction et son recyclage. Le moment de la conception d'un ouvrage, bien que relativement court au regard de sa durée de vie, a des incidences essentielles sur celui-ci. Une démarche de projet responsable face à ce défi doit s'assurer notamment des conditions de pérennité et d'adaptabilité de l'ouvrage, de sa capacité de transformation et de renouvellement, de ses aptitudes à une qualité de gestion et d'usage.

La place des ambiances est essentielle dans cette évolution. La notion d'ambiance se développe dans la terminologie du projet sous forme d'images, de références, de métaphores dans les dialogues entre les acteurs, les discours politiques, les descriptions programmatiques [1], les présentations architecturales.

Les recherches de R. Lainer et I. Wagner de la TU [2] de Vienne, montrent bien l'importance que joue la référence à l'image dans la communication entre les concepteurs et leurs interlocuteurs, tout particulièrement aux périodes floues de l'élaboration d'un projet. Comment faire comprendre à un maître d'ouvrage, expliquent-ils par exemple, autrement que par une représentation d'ordre analogique ou métaphorique, une description de ce type : « *Une paroi de verre ayant l'apparence d'un tissu irrégulier sur lequel une lumière serait projetée* » tant que le projet n'est pas très développé, voire même réalisé [3].

Parallèlement, cette démarche engendre une expertise technique au service du projet [4] : techniques de représentation, modélisation, maquettes virtuelles décrivent, simulent, mesurent, évaluent l'acoustique, la thermique, l'éclairage, les mouvements de l'air, etc., contribuant à l'étude des « ambiances architecturales et urbaines » aux différents stades d'avancement de la conception. Les outils proposés par le CSTB et par un nombre grandissant de bureaux d'études

---

[1] Europan 6 (2000), Entre villes : dynamiques architecturales et urbanités nouvelles ? Règlement et thème.
[2] *Technische Universität*.
[3] Lainer R. et Wagner I, Offenes Planen, Birkhäuser, Basel/Boston, 1999.
[4] « Maîtrise d'ouvrage et évolution de la commande » *op. cit.*

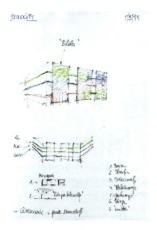 

Légendes : bibliothèque d'images, Offene Raumorganisation – evolvierende Nutzungen,. R Lainer, I. Wagner, UT Vienna.

indépendants sont utilisés de plus en plus régulièrement, essentiellement sur des projets d'une certaine ampleur pour l'instant.

Cette notion d'ambiance reste cependant plus implicite qu'explicite et le terme d'ambiance est donc, paradoxalement, rarement mis en avant, sans doute du fait de la multiplicité de notions qu'il recouvre. Il peut être l'expression de nuisances provoquées par des phénomènes sonores, thermiques, ou aérauliques... ; il peut s'inscrire dans des discours relatifs aux usages en rapport avec les qualités sensibles de l'espace telles que la visibilité, les textures, les couleurs, les volumes... On peut aussi noter sa présence lorsqu'on évoque certaines activités créatives et citer, par exemple, l'engouement actuel pour la mise en scène des ambiances lumineuses des espaces de la ville. Le concept d'ambiance désigne une particularité du milieu ou de l'environnement aussi bien que l'état psychologique d'une personne ou d'un groupe de personnes : on parle d'une bonne ambiance, d'une ambiance de café parisien, d'une ambiance de travail. Dépassant le simple rapport de l'individu à un lieu, l'ambiance résulte de mécanismes complexes qui

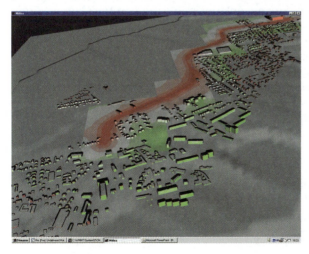

Illustration 3 CSTB : navigation 3D temps réel dans un site incluant des cartes de bruit verticales et horizontales (sur les façades des bâtiments).

relèvent de la perception et de la représentation. L'ambiance est l'image mentale d'un lieu qu'un individu construit avec sa propre sensibilité, son comportement, son attitude vis-à-vis des autres. La perception d'une ambiance s'entend comme le rapport cognitif et sensible d'un sujet avec son milieu. C'est une information que l'individu acquière grâce à ses mécanismes sensoriels. Un individu perçoit l'espace qui l'entoure au travers des volumes et des surfaces qui le composent, mais aussi au travers du confort que celui-ci lui procure en termes de température, de lumière, de mouvements de l'air, etc.

De fait, la notion d'ambiance est difficile à définir. La perception des phénomènes d'ambiance se trouve à la croisée de trois dimensions fondamentales : la première est de l'ordre du sensible et fait donc appel aux cinq sens et, d'une façon plus globale, aux systèmes sensoriels et physiologiques de l'individu [1] ; le deuxième domaine est celui de la perception et donc de l'interprétation et de la représentation dont les limites sont floues et varient d'un individu à l'autre ; le troisième est d'ordre sociologique et culturel et fait appel aux usages, aux comportements individuels et collectifs et à l'imaginaire social. Ces trois niveaux de perception sont difficiles à distinguer. Les ambiances sont indissociables du contexte physiologique, psychologique et social, de même que l'individu est partie intégrante de l'espace dans lequel il vit et de la société à laquelle il appartient [2].

Une approche nécessairement transversale

Ainsi, les ambiances se définissent d'une part à partir de phénomènes physiques : lumière, chaleur, froid, etc. – et, d'autre part, par des interactions entre ces phénomènes et des facteurs physiologiques et psychologiques, individuels et collectifs. Par exemple, le rayonnement solaire participe à la fois des qualités sensibles d'un espace et du sentiment de confort – ou d'inconfort – visuel et thermique de l'individu qui se trouve en contact direct avec lui. La principale difficulté rencontrée lorsqu'on veut approcher des manifestations physiologiques tient à cette difficile distinction entre facteurs physiques et facteurs sociologiques et culturels. Les dimensions physiques des ambiances sont mesurables, décomposables et identifiables, tandis que l'interprétation et la représentation des phénomènes sensibles sont plus difficilement saisissables. De plus, contrairement aux phénomènes physiques qui peuvent être simulés et anticipés avec une précision relative à n'importe quel stade du projet, l'étude des phénomènes de perception et d'usage sont à prendre en compte tout au long du processus de conception.

---

1 Bagot, 1996, « Ensemble des formes et des contenus imaginés s'inscrivant dans des expressions et des pratiques sociales », *Dictionnaire de Sociologie*, édition Le Robert & Seuil 1999.

2 Augoyard J.-F. « Éléments pour une théorie des ambiances architecturales et urbaines » *in Ambiances architecturales et urbaines*, *Cahier de la recherche architecturales et urbaines* n° 42/43, 1998, p. 18. Mettant en valeur cette interaction, J.-F. Augoyard définit une ambiance architecturale ou urbaine comme un ensemble de phénomènes localisés devant répondre aux quatre conditions suivantes : les signaux physiques qui la constituent doivent être repérables et décomposables ; ces signaux interagissent avec la perception et l'activité du sujet ainsi que les représentations sociales et culturelles ; ces phénomènes composent une organisation spatiale construite ; le complexe signaux/ percept/représentations doit être exprimable.

Les ambiances ne peuvent donc pas être dissociées de leur contexte. Leurs différentes composantes sensibles (lumière, sons...) sont continuellement modifiées par les actions et les conduites des usagers qui traversent ou occupent un espace. Les ambiances émergeraient de l'interdépendance entre les activités qui animent un lieu et l'environnement qui les accueille [1]. Deux domaines de connaissances sont nécessaires pour appréhender les ambiances : les sciences physiques pour étudier les phénomènes physiques : la lumière, le signal énergétique, la métrologie des phénomènes physiques, etc. ; les sciences sociales et humaines pour étudier l'usage et l'expérience d'un individu ou d'un groupe d'individus. Sans doute, le recours accru à une médiation prenant comme support des outils techniques appellerait également, ce que nous ne ferons pas ici, un regard des sciences cognitives sur les processus de concertation et de construction de représentations communes.

De nombreuses techniques d'évaluation des phénomènes d'ambiances reposent sur le principe de la modélisation. Elles visent à simuler des conditions d'ambiance d'un projet. La modélisation numérique ne remplace pas les techniques de mesure *in situ* car elle ne peut pas traduire la complexité d'un environnement urbain existant. Mais, contrairement à ces méthodes de mesure, elle permet de tester et d'analyser un dispositif architectural ou un aménagement urbain à l'état de projet. La simulation facilite l'anticipation des impacts d'un projet sur les plans thermique, sonore, de pollution de l'air, etc. et permet de faire remonter en amont du projet des données d'ordre technique et physique. Ainsi, les expertises accompagnant le projet, notamment au cours de leurs phases amont, ont de plus en plus fréquemment recours à ces techniques de simulation des phénomènes d'ambiance. Celles-ci permettent de tenir compte de phénomènes d'ordre à la fois sensible et physique dès les phases de programmation et de faisabilité. Lors de l'exploration d'un scénario, elles rendent possible la comparaison entre deux propositions, facilitent le débat, permettent la validation et la description de la solution retenue au travers d'intentions explicites pour tous les acteurs du débat. Ces expertises peuvent assumer deux rôles dans la conduite d'un projet : elles permettent d'une part de restituer et de communiquer au maître d'ouvrage et au futur usager certains effets sensibles du projet et, d'autre part, de simuler, de mesurer dès la phase amont de la conception du projet des phénomènes physiques d'ambiances qui, traditionnellement, sont étudiés plus en aval et de faciliter la décision à des stades relativement précoces du projet. Les exemples qui suivent illustrent les conditions dans lesquelles ces expertises peuvent intervenir dès l'étape de faisabilité d'un projet.

---

1 Ou, en d'autres termes, « *de la détermination réciproque entre l'efficace sensori-moteur de l'environnement construit et le pouvoir expressif des activités sociales* » Thibaud J.-P., « Mouvement et perception des ambiances souterraines » *in Les Annales de la recherche urbaine*, n° 71, juin 1996, pp. 144-152. J.-P. Thibaud distingue trois dynamiques qui interagissent entre l'environnement sensible et les activités qui les animent : l'ambiance *accordée* qui émerge lorsqu'il y a correspondance entre un lieu et les comportements qu'il accueille, l'ambiance *modulée* qui est le résultat de la variation d'un lieu en fonction des comportements auxquels il se prête, l'ambiance *formatée* qui émane d'un lieu dont la perception a été reconfigurée par l'action du public.

Des expertises techniques dans la conduite de projets

La place Saint-Lambert à Liège

Le ministère de l'Aménagement Wallon et la ville de Liège avaient subi d'importants préjudices lors de la réalisation de l'extension du Palais de Justice situé au centre de cette ville. Les habitants du quartier avaient en effet saisi le conseil d'État pour empêcher l'exécution de cette construction, prétextant une importante réduction des conditions d'ensoleillement et de visibilité de leurs logements. Afin d'anticiper d'éventuelles réactions du même type lors du nouvel aménagement projeté sur l'îlot Tivoli, les autorités ont décidé de faire appel à une expertise indépendante. L'aménagement de l'îlot Tivoli, du fait de sa double qualité symbolique et historique, rendait en effet très délicats les rapports entre les élus et les riverains. Une expertise fut confiée au LEMA (Laboratoire d'étude méthodologique d'architecture de l'Université de Liège) qui était déjà intervenu sur le projet de l'extension du Palais de Justice. Les objectifs majeurs de l'étude confiée à cette équipe de chercheurs dirigée par le professeur Albert Dupagne étaient de « *confronter les opinions aux possibilités objectives offertes par le site* [...] » et de « [...] *fournir aux autorités communales liégeoises un outil scientifique d'aide à la décision* » [1]. Le LEMA devait également enrichir les questionnements en amont de la conception en identifiant les attentes des citadins, en tentant de les intégrer dans le projet tout en gérant les contradictions entre les intentions de départ et les opinions exprimées. Il devait établir un argumentaire « scientifique » permettant de mieux engager les discussions entre élus et citoyens et d'augmenter ainsi l'implication des riverains dans le projet lors des études de faisabilité et les faire participer à la mise en forme urbaine.

La mission du LEMA comprenait donc non seulement l'analyse de l'impact des différents scénarios d'aménagement de l'îlot Tivoli proposés par la ville sur l'ensoleillement et le confort thermique des édifices existants – ce qui constitue son domaine spécifique de compétence – mais également l'élaboration d'éléments permettant d'apprécier la qualité de l'espace public engendré par le projet, notion beaucoup plus floue et difficile à cerner. Le LEMA a entrepris des études de visibilité, d'ensoleillement et de confort thermique des quatorze scénarios proposés par la ville en utilisant « *Townscope* », un outil développé par l'équipe. Ces études ont fait apparaître que des pertes d'ensoleillement conséquentes étaient à prévoir mais que celles-ci étaient parfaitement acceptables si on les comparait aux conditions d'autres quartiers comparables de la ville. Parallèlement, le CLEO (Centre liégeois d'étude d'opinion) a entrepris des campagnes de sondage sur le devenir de l'îlot Tivoli, pour rendre compte des oppositions formulées à l'encontre de son aménagement. Les habitants se déterminèrent majoritairement (57,3 % des personnes sondées) pour que ce dernier soit aménagé en espace vert. Cette position a évidemment compliqué le débat entre élus et riverains citoyens. Les élus voulaient sensibiliser l'opinion sur la nécessité de valoriser la parcelle alors que ni l'investigation scientifique, ni l'étude d'opinion, n'ont réellement permis de le faire. L'impartialité des experts vis-à-vis du devenir

---

[1] Extrait du discours du Michel Foret le ministre Wallon de l'Aménagement du territoire et de l'Environnement.

du site n'a pas été toujours bien perçue par le politique. De ce fait, la maîtrise d'ouvrage a décidé de poursuivre sa campagne de sensibilisation et de pédagogie en mettant notamment en place des installations éphémères lors de manifestations culturelles. Elle a tenté par ce moyen de réapprendre aux usagers à voir et à vivre avec cet îlot qui, jadis, était construit.

Comment l'expertise technique a-t-elle répondu aux questions que se posait la maîtrise d'ouvrage ? Si elle a démontré que globalement les conditions d'ensoleillement provoquées par le projet ne seraient pas mauvaises, le vrai débat s'est rapidement déplacé sur un terrain plus politique. Les intentions de la collectivité tenaient à maîtriser d'éventuels conflits plus qu'à s'assurer d'un consensus des habitants sur des questions de thermique urbaine. Implicitement, la question qu'elle se posait était de savoir quel aménagement les riverains accepteraient de voir réaliser sur l'îlot Tivoli. Tandis que les habitants s'interrogeaient de leur côté sur les risques de dévalorisation de leur logement.

Quelles étaient, dans ces conditions, les réelles motivations du recours à l'expertise ? Quelle valeur ajoutée la technologie utilisée a-t-elle objectivement apporté à l'expert ? Elle a sans doute proposé des éléments de réponse utiles sur les qualités des ambiances urbaines de l'aménagement projeté mais celles-ci n'ont peut-être pas, à elles seules, alimenté de façon décisive le débat sur le devenir de l'îlot Tivoli. Pourtant, face à la préoccupation majeure de la maîtrise d'ouvrage qui était de convaincre l'opinion publique de la nécessité de construire sur l'îlot, l'expert a joué un rôle déterminant pour l'aider à prendre une décision complexe. L'outil de simulation, moyen de communication sophistiqué, a été le catalyseur d'un débat dont les enjeux étaient sans doute ailleurs mais qu'il a contribué à révéler. Le fait que le LEMA ait poursuivi – et poursuive encore, semble-t-il – sa mission de conseil sur ce projet est significatif de l'attente dont ses études font l'objet.

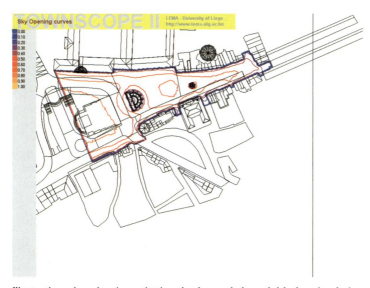

Illustrations 4 : scénario restitution du chœur de la cathédrale : simulation énergétique solaire et de l'ouverture du ciel. © LEMA.

Trafalgar square à Londres

Dans un contexte différent, l'équipe Foster & Partners a été chargée du projet d'aménagement de Trafalgar Square à Londres, envahi par le trafic automobile et assurant principalement une fonction de giratoire sur un espace urbain de réputation mondiale. L'objectif principal de l'étude était de proposer un schéma d'aménagement afin de requalifier les espaces publics et d'améliorer l'accès de ces lieux pour les piétons. La recherche d'un équilibre entre déplacements piétonnier et automobile était donc majeure. Pour l'assister, l'agence Foster & Partners a fait appel à plusieurs experts dans différents domaines. Parmi ceux-ci, Space Syntax, laboratoire de recherche de l'University College London, spécialisé dans l'analyse des formes urbaines pour laquelle il dispose d'une méthodologie originale mise au point par le professeur Bill Hillier.

Dans un premier temps, la mission de Space Syntax a consisté à effectuer une analyse approfondie du quartier, à mieux comprendre l'activité des piétons sur le site et à identifier les principales difficultés rencontrées par les différents utilisateurs du site, que ce soit de façon régulière ou occasionnelle : Londoniens travaillant ou non à proximité, touristes, visiteurs de la National Gallery, etc. Space Syntax a ensuite exploré les propositions d'aménagement élaborées par Foster & Partners pour s'assurer de l'accessibilité et de la lisibilité du site par les piétons. Les simulations réalisées ont permis d'identifier les propositions d'aménagement les plus intéressantes pour l'appropriation des espaces urbains par les différentes catégories de population, la circulation des piétons et des automobilistes et l'amélioration des relations entre ces deux populations. L'expertise a également permis d'obtenir l'autorisation du English Heritage, organe qui s'assure de la sauvegarde du patrimoine, pour la réalisation d'un escalier central sur ce site historique. Elle a enfin conforté la proposition des architectes, non seulement auprès du consortium de maîtrise d'ouvrage chargé de l'opération mais aussi auprès de la population lorsque celle-ci a été consultée.

Illustration 6 : carte des déplacements établie après enquête et observation.
© Space Syntax.

Illustration 5 : simulation du mouvement piéton induit par le nouveau projet d'aménagement. © Space Syntax

L'expertise de Space Syntax montre l'incontestable image de rigueur que le profane, qu'il soit élu, habitant ou représentant d'une administration, accorde généralement aux démarches scientifiques, même si ces dernières sont parfois difficilement vérifiables par le profane en question. Cet effet « boîte noire », qui conforte en principe les résultats de l'expertise, peut néanmoins fragiliser une démarche qui ne facilite pas toujours le dialogue et la critique. De plus, elle pose une question d'éthique face à des interlocuteurs non-initiés qui craignent parfois d'être manipulés par le politique. Face à ce danger, l'expert risque de se trouver en situation de devoir s'expliquer et, pour cela, doit construire et mettre en scène son discours afin d'en faciliter la compréhension. C'est ainsi que nous interprétons l'attention minutieuse que les chercheurs de Space Syntax, et tout particulièrement Bill Hillier, accordent à la qualité graphique dont ils entourent les documents qu'ils réalisent.

L'expérience de l'*Environment Simulation Center*, New York

L'Environmental Simulation Center (ESC) est une structure de conseil en planification urbaine créée et dirigée par l'architecte Michael Kwartler. L'ESC a la particularité de s'appuyer sur la combinaison d'outils informatiques de représentation tridimensionnelle et de gestion de l'information. Il est ainsi devenu un spécialiste de l'application des systèmes d'information géographique en 3D à la pratique urbaine. Michael Kwartler explique que pour lui deux fonctions essentielles et complémentaires justifient l'emploi des technologies informatiques dans le processus de concertation : la fonction d'interaction qui permet à toute personne familière avec l'utilisation d'un ordinateur de se déplacer dans un modèle 3D et de le regarder à partir du point de vue qu'elle souhaite et la fonction d'interrogation d'une base de données qui lui permet à tout instant d'obtenir des informations complémentaires à celles présentées visuellement.

Illustration : détails du modèle SGI 3D de Manhattan.

Pour Michael Kwartler, le modèle numérique doit donc agir comme un support d'information facilitant l'étude, la réflexion et le débat. Le but n'est pas d'obtenir une image photo réaliste de très haute qualité et d'essayer par-là de simuler l'ambiance visuelle d'un lieu – une tentative qui serait forcément réductrice – mais plutôt d'utiliser l'image pour son pouvoir d'évocation afin de faire réfléchir et parler les gens sur leur vécu et leurs souhaits en termes d'environnement de vie. Michael Kwartler est intervenu récemment à Santa Fé au Nouveau Mexique. Il s'agissait de développer des scénarios d'évolution pour un quartier qui grandit rapidement selon un mode de banlieue américaine assez atypique dans cette ville. Plusieurs *workshops* furent organisés. Plutôt que de demander aux participants d'exprimer leurs souhaits en termes de style ou de densité (thèmes récurrents dans les discussions de ce genre aux États-Unis), l'équipe d'ESC a proposé un certain nombre de principes qui ont été illustrés un à un – grâce au modèle informatique du quartier qui avait préalablement été développé – débattus et affinés puis finalement acceptés ou rejetés par un vote. Le premier principe était simplement : « *Le quartier doit-il permettre de se déplacer à pied ?* ».

Un autre principe a posé de façon détournée la question de la diversité des maisons au sein d'un même *block*, sachant qu'en terme de valeur marchande, il est en général admis aux États-Unis qu'une maison plus petite que la sienne édifiée sur le block tire l'ensemble des prix vers le bas. Cette approche a permis d'entrer dans un débat de fond sur les valeurs que cette communauté souhaitait adopter. Pour Michael Kwartler, le débat sur les valeurs est important car celles-ci vont perdurer, alors qu'une discussion sur l'aspect visuel des bâtiments (le style est un des sujets favoris des « nouveaux urbanistes » dont l'ESC tient à se démarquer) n'apporte pas grand-chose sur le long terme. Michael Kwartler considère ce projet comme une réussite : d'abord parce que beaucoup de gens ont participé aux *workshops* et qu'un public plus large a été informé des débats en cours, ensuite parce que des principes de mixité et de densité élevées ont été adoptés et inscrits dans les réglementations de développement urbain de ce quartier. Sur ce dernier point, notre interlocuteur a d'ailleurs admis qu'il n'est pas un médiateur neutre même si sa mission est de permettre à tous les points de vue de s'exprimer et d'être débattus. Quant aux ambiances, elles sont au cœur du débat et des préoccupations des habitants de ce quartier et de leurs représentants, même si cela s'exprime d'une manière particulière au contexte américain.

La réflexion théorique d'ESC a pour finalité opérationnelle de mettre en œuvre les conditions d'évolution à long terme d'un territoire urbain par l'intermédiaire de documents d'urbanisme définis en termes de performances plutôt que sous forme de prescriptions immuables. La philosophie qui sous-tend l'action d'ESC est celle de la gestion du changement, *change management*, l'idée maîtresse étant de passer d'un système de réglementation statique, élaboré à un instant T et appliqué sans modification possible pendant de nombreuses années, à une gestion dynamique facilitant les adaptations et les opportunités contextuelles. Les critères de performance définis en amont pour caractériser des intentions urbaines facilitent cette approche. Il est intéressant de noter que celles-ci font souvent référence aux ambiances. C'était le cas par exemple pour les *zoning regulations* développées par Michael Kwartler à New York qui étaient basées sur la quantité de lumière naturelle et d'ensoleillement disponible dans les rues et les parcs de la ville.

La plate-forme EVE du CSTB

La plate-forme EVE (Environnement virtuel enrichi) est une technologie actuellement en cours de développement au CSTB. Il s'agit d'une tentative d'intégration d'un certain nombre d'outils, pour la plupart, déjà mis au point par le CSTB ou en cours d'élaboration, destinés à permettre la représentation virtuelle de différents phénomènes relatifs aux ambiances d'un projet. Cet outil mobilise une dizaine d'équipes au CSTB, notamment dans le domaine des ambiances, de l'informatique et des sciences humaines. Il est destiné à jouer un rôle de support de communication et de dialogue entre la maîtrise d'ouvrage, la maîtrise d'œuvre et l'utilisateur final, non seulement sur les phénomènes d'ambiances mais sur l'ensemble des facteurs du projet : techniques, architecturaux, financiers, réglementaires, environnementaux, etc. Il pourra s'appliquer à toutes les phases du projet, depuis les phases de concertation et de conception jusqu'à la réalisation des ouvrages. Son objectif est de faciliter la mise en place d'une approche globale et pluridisciplinaire tout au long du projet. Pour cela, il croise les données du projet avec des dimensions sensibles telles que le confort sonore ou thermique. Le développement de la plate-forme EVE est à ce titre exemplaire. Le phénomène sensoriel deviendrait, selon Philippe Dard, support de communication du projet pour rendre ce dernier plus compréhensible [1].

EVE est actuellement en cours de développement. Seuls les modules de simulation visuelle, thermique et acoustique sont opérationnels. Cependant, ce croisement multidimensionnel entre des phénomènes physiques d'ambiances et leur restitution soulève des questions sur sa portée réelle. L'organisation informatique de cet outil et l'intégration qu'elle propose de plusieurs modules rattachés à un noyau central est intéressante car elle pose des problèmes de fond qui touchent la plupart des formalisations informatiques ou mathématiques se rapportant à l'espace urbain et architectural. Pour résoudre le problème du dialogue entre formats, le CSTB propose un mode de représentation d'objets complexes (composants, bâtiments, tissus urbains, etc.) suffisamment général pour permettre la reconnaissance du projet et le calcul par tous les modules de la plate-forme. Cette exigence représente une réelle difficulté : les projets doivent en effet être décrits de façon standardisée grâce à l'application des *IFC* (*Industry Foundation Classes*) [2]. Ce point constitue le réel challenge du projet car il risque de contribuer à accentuer l'enfermement du logiciel sur lui-même si ces standards ne sont pas adoptés par l'ensemble des intervenants du projet.

---

[1] Dard P., *Nouveaux outils de représentation d'environnements urbains*, CSTB, 2002.
[2] Les IFC décrivent les différents objets nécessaires à la caractérisation d'un bâtiment tels que portes, fenêtres, murs, etc. accompagnée d'une spécification informatique pour leur mise en œuvre. Ces objets constituent les structures de données nécessaires à la réalisation d'une maquette électronique du projet de construction. Cette dernière est indispensable au partage de l'information technique entre acteurs du projet.

Des technologies pour la conduite du projet

Faciliter l'aide à la décision

À travers ces exemples, nous pouvons comparer quatre différents modes d'expertises techniques. Le LEMA se positionne dans un domaine de compétence précis qu'il approfondit depuis de nombreuses années et pour lequel il a développé des outils spécifiques. Lorsque ce laboratoire est appelé à répondre à une demande pour laquelle ses compétences sont requises, les chercheurs simulent, à l'aide de leurs outils, les différents éléments qui caractérisent à leur sens l'espace urbain considéré. Ils mesurent et comparent par exemple la qualité de l'ensoleillement de différentes hypothèses d'aménagement urbain et les évaluent, offrant aux décideurs politiques la possibilité d'utiliser ces résultats pour poursuivre leur débat avec les associations de riverains, les aidant ainsi à prendre une décision. La démarche de Space Syntax se veut plus universelle. Elle s'appuie sur une méthodologie et sur un outil qui, aux dires de ses responsables, lui permettent de répondre à des questions extrêmement variées à partir de l'analyse morphologique d'un espace architectural ou urbain : l'expertise de Space Syntax peut aussi bien concerner les déplacements dans une ville, que la sécurité d'un quartier ou le *merchandising* d'un centre commercial, etc. L'ESC met la technologie au service d'une négociation autour de principes urbains, démarche incontournable dans un pays comme les États-Unis où l'urbanisme est sous-tendu par une pratique locale fondée sur une culture de la participation soutenue par des organisations non gouvernementales puissantes qui ont les moyens d'accéder à ces technologies (notamment par le truchement des nombreuses fondations privées qui agissent pour favoriser la démocratisation de la société). Cette équipe d'urbanistes n'est pas asservie à une technologie ; elle utilise une sorte de boîte à outils qui s'adapte à chaque projet. La démarche du CSTB, basée sur l'utilisation d'outils de calcul intégrés à une plate-forme, nécessite quant à elle une représentation standardisée, universelle, du projet.

Il reste que, dans toutes ces démarches, les expertises répondent à des missions diverses, parfois complémentaires et dont les frontières ne sont pas forcément étanches, mais qui, par leur aptitude à faciliter la médiation, apportent à leurs interlocuteurs une aide à la négociation, puis une aide à la décision. L'aide à la négociation est facilitée par les capacités d'évocation qu'offrent les techniques de simulation et de représentation. Celles-ci incitent au dialogue entre décideurs et concepteurs, mais aussi entre acteurs du projet et habitants ou usagers. L'aide à la décision est offerte par la capacité à anticiper les contraintes ou les impacts physiques d'un projet en prenant en compte un ou plusieurs facteurs d'ambiance et pour comparer différentes hypothèses d'aménagement. Au-delà, ces techniques produisent des images parfois utilisées pour séduire. Leur objectif est alors de convaincre des citadins aussi bien que des entreprises et des investisseurs de la qualité urbaine d'un projet et de l'attractivité d'une ville ou d'un quartier.

Pour répondre à ces sollicitations, l'expert doit sortir du champ de sa propre compétence technique pour entrer dans celui du projet lui-même. Au-delà de la réponse scientifique qu'il apporte, il doit remplir d'autres missions plus ou moins implicites qui relèvent de la médiation et de la communication. Il identifie des terrains de dialogue entre élus et citoyens, entre maîtres d'ouvrage et maîtres d'œuvre qu'alimentent ses simulations. Il n'intervient plus uniquement en amont de la décision politique pour faciliter celle-ci, mais tout au long d'un processus de projet qui le plonge au sein de l'action. La double approche des questions d'ambiance, physique d'une part et sensible de l'autre, facilite sans doute ce rôle de médiation. Révélateur d'usages ou de demandes inexprimées, l'expert, en simulant des ambiances les soumet au débat. Il permet au politique de mieux apprécier les limites du risque qu'il est en mesure de prendre, de définir la ligne au-delà de laquelle le conflit pourrait dégénérer et faire échouer le projet. Sans doute, sous couvert de négociation, assiste-t-on là à une forme de détournement de la démarche scientifique lorsque les travaux des experts sont utilisés pour anticiper les réactions des citoyens, réduire les écarts entre les opinions et donc les risques d'échec, désamorcer enfin d'éventuels conflits et rassurer ainsi les administrations, les investisseurs.

Le recours à l'expertise, en intervenant de plus en plus tôt dans la définition et la formulation d'une solution, a-t-elle une influence sur la conduite, la gestion et l'évaluation du projet ? Plus globalement, la remontée de ces expertises, des missions de contrôle et d'évaluation *a posteriori* qui étaient traditionnellement les leurs, vers les phases de la programmation et de la conception modifient-elles les modalités de conduite de projet ? On peut considérer qu'elles remplissent certaines conditions d'une conception par l'aval en facilitant la gestion des exigences de la maîtrise d'ouvrage, la prise en compte de l'usage, les contraintes de la maintenance.

Des croisements fusionnels entre projet et technologie

Intégrer, dès le stade du projet, des exigences qui s'expriment en termes de qualité de vie et d'usage, de confort individuel et collectif, de flexibilité et d'adaptabilité à moyen et à long terme implique de s'assurer des conditions de remontées d'informations, de connaissances et de savoir-faire situées à l'aval de la conception. Ce processus nécessite l'adoption de démarches transversales permettant de définir, puis de garantir le suivi et l'évaluation des performances tout au long de l'élaboration et de la réalisation d'un projet. Elle implique une attitude de partage des informations qui oblige les acteurs à sortir d'une logique organisationnelle et donc contractuelle purement verticale. Elle les incite notamment à adopter des dispositifs de gestion de projet pour faciliter l'aide à la décision et l'évaluation des risques pour une meilleure étude des impacts de l'ouvrage tout au long de son existence. Mettre en place un tel système de communication, de suivi et d'évaluation, partagé entre les acteurs du projet implique une bonne capacité d'instrumentalisation : il est nécessaire de mettre en place des moyens de communication efficaces, de gérer des bases de données relativement complexes, de disposer de systèmes d'interopérabilité entre les logiciels de métiers. Des outils de simulation sont également nécessaires pour anticiper les impacts de phénomènes physiques. Méthodes et outils logiciels constituent alors un tout indissociable dans lequel contenu et contenant se confondent dans une fusion numérique des données du projet.

Dans le contexte de cette évolution, on constate que l'intervention d'expertises techniques est déterminée par un accroissement de la prise en compte des trois facteurs suivants : l'exigence collective et individuelle d'un meilleur confort, l'extension de la notion de développement durable et le développement de la concertation dans les processus décisionnaires. Maîtres d'ouvrage et maîtres d'œuvre sont indéniablement sensibles à ces préoccupations, même si leurs motivations diffèrent : arguments d'ordre intellectuel, économique et social se rejoignent dans une nécessité de renouvellement et de concurrence. D'autant que ce mouvement est accompagné de prescriptions normatives, d'exigences réglementaires et de directives incitatives, au plan national et européen. C'est sans doute un des mérites de la démarche HQE que de faciliter l'émergence de ces modalités. Cette amorce de changement de mentalité est clairement observable dans certains pays d'Europe, notamment en Allemagne et dans les pays scandinaves et d'Amérique du Nord. En France, maîtres d'ouvrage et maîtres d'œuvre, hors quelques bureaux d'étude spécialisés, restent encore peu outillés pour aborder ces problématiques, en dehors des désormais traditionnelles techniques de CAO et d'image de synthèse. Les raisons en sont multiples : la formation des chefs de projet, la taille des structures, les marges laissées par les projets et les délais drastiques imposés ne vont pas dans le sens de l'acceptation d'un nouvel investissement lourd et coûteux. De plus, la plupart des architectes considèrent que les moyens plus traditionnels dont ils disposent – croquis, perspectives, maquettes, photos, images numériques – remplissent suffisamment bien leur rôle pour représenter, à leur façon, les caractéristiques sensibles d'un projet. Pour aborder les aspects plus techniques du projet des expertises indépendantes, fortement instrumentalisées, accompagnent alors ces processus dès le stade de leur formulation. On peut évoquer le développement de techniques de communication qui facilitent la recherche de consensus ou le rôle nouveau d'outils de mesure et de diagnostic conçus pour évaluer un projet réalisé et utilisé de plus en plus fréquemment en amont.

Vers un processus plus intégré

Ces nouvelles expertises émergent, se justifiant fréquemment par l'utilisation de technologies souvent sophistiquées. Elles se développent pour proposer un service qui, en définitive, s'étend bien au-delà de cette instrumentation pour mieux répondre aux exigences des processus opérationnels des projets et de leurs protagonistes. Soit, elles s'intègrent aux activités d'un acteur existant, soit elles constituent le point de départ d'une activité nouvelle, d'un service nouveau, voire d'un nouveau métier. On a pu observer dans un passé récent ce type d'émergence : infographes ou agences environnementales en sont, parmi d'autres, le témoignage.

On peut succinctement décrire le processus d'intervention de ces nouvelles expertises dans le projet. La complexification du contexte décisionnel et l'accroissement des contraintes, tous domaines confondus, élargissent le nombre de paramètres que le responsable politique et ses collaborateurs et partenaires professionnels doivent prendre en compte pour prendre une décision. Cependant, les acteurs traditionnels concentrent leur savoir-faire sur certains de ces paramètres au détriment d'autres qu'ils négligent ou ignorent. Pour combler leurs lacunes dans les domaines délaissés, politiques et intervenants traditionnels se déchargent sur des spécialistes détenteurs d'une expérience reconnue, issue d'activités de services ou de production industrielle, ou encore d'une connaissance théorique, universitaire le plus souvent. Ces spécialistes, montant en puissance à la mesure des enjeux qui les ont poussés en avant et contournant les acteurs traditionnels, sont consultés et écoutés par le politique qui attend d'eux une évaluation du risque auquel il est confronté. Ces experts revendiquent peu à peu une autonomie par rapport aux acteurs traditionnels et s'insèrent progressivement dans les processus opérationnels, se positionnant le plus souvent à l'interface du politique, des professionnels et des usagers, transformant leur expertise en prestation de service. Celle-ci s'intègre alors aux activités d'un acteur existant qui l'absorbe, ou bien elle constitue le point de départ d'une activité nouvelle, d'un service nouveau, voire d'un nouveau métier. On voit au travers de ce processus comment l'expert est amené à s'affranchir, en partie ou en totalité, du statut d'indépendance qui lui était traditionnellement affecté pour entrer progressivement dans le champ de l'action, dans celui du projet.

Pourquoi fait-on de plus en plus fréquemment appel aux expertises liées aux ambiances ? Les études pour la qualité des ambiances urbaines mettent l'accent sur les risques environnementaux relatifs à la qualité de l'air et de l'eau, sur les nuisances visuelles, thermiques et sonores et sur les problèmes de sécurité. Ce n'est pas tant la qualité des espaces urbains qui est attendue de ces études que la réduction d'un risque, ou même l'anticipation de réactions citoyennes et le désamorçage de conflits potentiels dus à ces risques. Cette approche, sans doute caricaturale de la problématique environnementale vue par certains acteurs de la ville, caractérise une société du risque qui agit en mesurant les limites de ses capacités d'intervention. La *vox populi* est alors considérée comme la sonnette d'alarme qui évite de dépasser ces limites. L'expertise permet de réduire les risques en révélant les limites au-delà desquelles des conflits sont probables.

Cette prééminence du risque dans les attitudes politiques et économiques a des conséquences importantes sur le processus de projet : celui-ci repose de plus en plus sur la négociation et la recherche de consensus. La hiérarchisation des risques devient un moyen de structuration et donc d'orientation des objectifs majeurs du projet. Dans ce contexte, l'expertise ambiantale offre des éléments d'aide à la décision et dès lors, celle-ci est confrontée à des enjeux qui ne relèvent pas forcément de sa compétence et encore moins de celle des outils scientifiques qu'elle a, paradoxalement, élaborés pour l'aider à renforcer le caractère scientifique de sa prestation.

Références bibliographiques

Amphoux P., *La notion d'ambiance. Une mutation de la pensée urbaine et de la pratique architecturale*, collection « Programmer Concevoir », PUCA, 1998.

Augoyard J.-F., « La vue est-elle souveraine dans l'esthétique paysagère ? » *in Le Débat* n° 65 mai, 12 p., août 1991.

Bagot J.-D., *Information, sensation et perception*, Paris, Armand Colin, 1996.

Cahiers de la recherche architecturale : Ambiances architecturales et urbaines, éditions Parenthèses, ministère de la Culture et de la Communication, 1998.

Dard P., *Nouveaux outils de représentation d'environnements urbains, volume 1 : Les maquettes virtuelles quels développements ? Quels usages ?* CSTB. Paris, 127 p., mai 2002.

Grosjean M., Thibaud J.-P. (dir.), *L'espace urbain en méthode*, Marseille, éditions Parenthèse, 2001.

Monin E., *Ambiances et dispositifs éphémères en milieu urbain : une analyse critique de projets d'aménagement temporaires réalisés en France au XVIIe et au XXe siècles*, université de Nantes, 2 tomes, 371 p. plus 299 p., 2001

Thibaud J.-P. *et alii*, *L'observation des ambiances*, proposition d'article, 10 p, sd.

Ministère de l'Aménagement du Territoire, de l'Urbanisme et de l'Environnement de la région wallonne, Comm*ent aménager l'espace Tivoli ?*, plaquette de synthèse de l'étude du LEMA et du CLEO, juin 2001, 15 p. LEMA, *Faut-il fermer la place Saint-Lambert à Liège ? Partie 1 : étude morphologique*, 68 p. plus annexes, avril 2001 ; CLEO, *Faut-il fermer la place Saint-Lambert à Liège ? Partie 2 : étude d'opinion*, 47 p., avril 2001.

• • • Chapitre 6

Entre les acteurs de la fabrication de la ville : les maquettes virtuelles

Philippe Dard [1]

Dans l'arborescence du processus d'informatisation et de télématisation des métiers de la construction et de l'urbanisme, nous nous intéresserons ici à une technologie émergente, celle des « maquettes virtuelles ». Comme il en est de toute approche d'objets émergeants prenant place dans des dispositifs expérimentaux hétérogènes et sans marché constitué, notre ambition est limitée à ouvrir des pistes de réflexion issues de l'observation d'un petit nombre de situations innovantes, en mettant davantage l'accent sur les dynamiques d'innovation et la signification des intentions à l'œuvre que sur les usages réels de ces objets et leurs possibles effets sur les processus de décision.

La « maquette virtuelle », tendances et dynamiques de développement

Dans les milieux professionnels comme dans le grand public, la notion de « maquette virtuelle » gagne en usage commun. Désigne-t-elle pour autant quelque chose de bien défini ? Diversifiées dans leurs applications, les maquettes virtuelles évoquent un phénomène de production d'images, architecturales ou urbaines, générées par ordinateur, que l'on peut visualiser sous différents points de vue. Ce nouveau mode de représentation suscite des attitudes d'attrait et de défiance, entretenues par le développement de procédés de simulation toujours plus sophistiqués ? Quelles en sont actuellement les principales tendances et les dynamiques de développement ?

« Maquette virtuelle » combine deux mots, « maquette » qui fait écho aux maquettes en dur d'architecture et d'urbanisme (carton, bois, plastique, etc.) et « virtuelle » qui hésite entre caractériser le non matériel de l'image de synthèse (la maquette est virtuelle) et le recours aux technologies de la réalité virtuelle appli-

---

[1] Sociologue, directeur de recherche au Laboratoire mutations techniques et sociales, département économie et sciences humaines, Centre scientifique et technique du bâtiment.

quées à l'image de synthèse pour donner au sujet l'illusion de percevoir « comme en vrai ». Une tendance récente est de créer des rapprochements entre deux développements : ceux qui mettent l'accent sur les contenus de l'image de synthèse en 3D (formes, paysages, textures, etc., par modélisation et rendu graphique) et qui traitent de la nature de l'information que l'on veut communiquer ; ceux qui travaillent la stimulation sensorielle (vue, ouïe, toucher) et qui traitent de la forme de la communication qu'on veut établir (interaction, immersion).

La distinction entre la nature de l'information et la forme de la communication est toujours spécieuse. Elle l'est plus encore lorsqu'il s'agit de différencier image de synthèse et réalité virtuelle, tant les effets de contamination entre ces deux développements se croisent et s'alimentent l'un l'autre, comme en témoignent les qualités mises en avant pour valoriser l'information et la communication supportées par les maquettes virtuelles :
– l'information sur un projet doit être la plus « exacte » possible, complète et validée, entendu par là qu'elle doit exprimer par anticipation ce que la réalité formelle, géométrique et technique, sera ;
– la communication doit être la plus « réaliste » possible, entendu par-là qu'elle doit mettre le sujet en situation de recevoir sensoriellement l'information de la façon la plus proche possible de ce qu'il en serait en situation réelle.

Les applications, de l'expression des formes à l'expertise des effets

Les maquettes virtuelles de formes architecturales et urbaines deviennent familières. De plus en plus d'architectes, d'urbanistes et de collectivités locales utilisent cette technique de représentation pour donner à voir leurs projets. Sont mobilisées et combinées diverses manières d'utiliser des images virtuelles en 3D enrichies de réalité virtuelle pour accompagner des démarches de conception, d'aménagement, de commercialisation ou de communication.

Ce type de développement a été bien illustré par les projets Cité Vision et *Real City* de la ville de Rennes. L'année 1999 a été pour les Rennais un temps de mobilisation collective, de réflexion et de sensibilisation autour du projet urbain proposé et soutenu par la municipalité. Diverses actions ont été simultanément engagées (enquêtes publiques, recherche-action associant la population, expositions, colloque, etc.) autour d'un thème projectif « Rennes 2020 ». « Cité Vision » en fut l'événement phare : une exposition/forum ouverte au public, fortement médiatisée, dont la nouveauté a été de faire largement appel aux maquettes virtuelles pour représenter le développement de la ville à neuf périodes de son histoire, et le Rennes actuel en insérant dans son tissu urbain des projets de rénovation et de restructuration urbaine et des projets de grands équipements (VAL, patinoire, centre culturel, etc.) afin d'en proposer une visite virtuelle détaillée. Suite à cette opération médiatique, a été engagé le projet *Real City*. Orienté vers les acteurs de la programmation et de la conception urbaine et porté par des centres de recherche et de développement locaux, il combine un travail de recherche technique visant à intégrer deux types de systèmes (SIG [1] et CAO/3D) et à développer des outils d'exploitation des données avec simulation/visualisation en « temps réel ». L'opération d'aménagement du quartier « Rabelais Rouault » à Rennes sert de support expérimental à ce projet.

Les maquettes virtuelles d'expertise technique réunissent un autre type de développement beaucoup plus récent. Il rassemble diverses manières de simuler et de rendre perceptifs des phénomènes physiques calculés ou des événements liés au fonctionnement ou à l'usage d'espaces et de lieux, ou susceptibles de les affecter. Un bon exemple en est le projet EVE – « Environnement virtuel enrichi » – du CSTB. Porté par des ingénieurs et des informaticiens, son objectif est de procéder à l'intégration de logiciels afin d'utiliser les ressources de l'image de synthèse et de la réalité virtuelle pour simuler et communiquer les résultats acquis par des outils de modélisation dans divers domaines : acoustique, éclairage, climatologie, pollution, vieillissement, salissures, enfumage, etc.

En éclairage, par exemple, on trouve des applications relatives à un aménagement autoroutier (tunnel de l'A86), à l'éclairage de bâtiments publics (ponts de Paris) et à l'aménagement intérieur d'un musée, avec simulation de l'éclairement et des effets visuels, suivant différents points de vue, en tenant compte des caractéristiques techniques des sources lumineuses, de la nature des matériaux, des réverbérations, etc. Ou bien en acoustique, des applications relatives à la simulation des phénomènes sonores liés à un aménagement autoroutier ou à la rénovation d'une place, avec mise en écoute simulée des bruits routiers et urbains depuis différents endroits (extérieurs et intérieurs) et suivant différents types d'aménagement ou de protection phonique. Ce passage de la modélisation scientifique de phénomènes physiques vers la simulation et sa mise en représentation virtuelle afin de communication a été bien illustré lors de la séance de clôture de l'ACI-ville en mars 2004, dans l'atelier 5 « Milieux physiques, ambiances urbaines et technologies » [1]. Il témoigne d'un processus en plein essor, d'origine diversifiée, mais convergeant dans ses orientations, visant à établir des ponts entre simulation et représentation, entre l'expression des formes architecturales ou urbaines et l'expertise prédictive de leurs effets.

Enjeux professionnels et politiques

À la charnière d'innovations techniques, professionnelles, organisationnelles et sociales, le développement des maquettes virtuelles s'inscrit dans un contexte où se croisent plusieurs types d'évolutions et de changements. Au plan technico-professionnel, le développement des maquettes virtuelles participe du processus général d'informatisation des métiers de la construction et de la gestion urbaine. Il suit un double mouvement : le perfectionnement et la diversification des outils informatiques métiers (principe de spécialisation et de développement de compétences) et la mise en relation de ces outils à des fins d'échange d'informations et de communication entre acteurs d'un même projet, sans nécessiter l'acquisition de compétences scientifiques particulières (principe de banalisation, vulgarisation). La maquette virtuelle cherche à se positionner à l'interface des

---

[1] Action concertée incitative villes du ministère de la Recherche, dont la séance de clôture a eu lieu les 1, 2 et 3 mars 2004 et dont les actes sont à paraître.

différentes familles d'outils informatiques et des acteurs qui les utilisent à des fins d'échange et de communication :

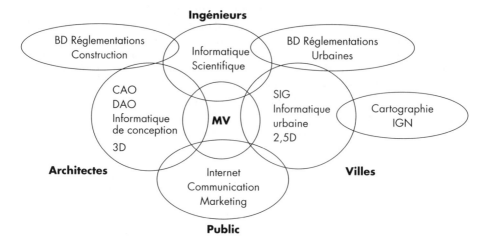

Son développement s'opère en référence à deux registres d'intentions qu'utilisent leurs développeurs pour en valoriser les ressources d'usage :
– celui de la concertation et de l'aide à la décision soutenues par la simulation en temps réel et l'interactivité et référencées à l'ingénierie « concourante » ou « collaborative », à la « conception partagée », au « marketing amont » ;
– celui de la communication promotionnelle et du marketing public, soutenus par l'immersion, la navigation et référencés aux jeux vidéo ou aux arts cinématographiques.

Ces deux modèles sont à la fois antinomiques et voisins dans leurs intentions. Antinomiques, par l'objectif de rationalité de l'un, de séduction de l'autre ; voisins, car tous deux recherchent la construction de modes d'échange ou d'influence entre des parties aux intérêts différents.

Au plan des relations avec la société civile, les deux dernières décennies sont marquées par deux tendances : d'une part, la force croissante d'associations préstructurées (sur les questions environnementales et écologiques, par exemple) ou d'associations spontanées (réactions de riverains ou d'usagers) s'instituant en réaction à un projet local les concernant ; d'autre part, la relative indifférence des citadins vis-à-vis de projets urbains ne concernant pas directement leurs territoires résidentiels, mais un espace urbain plus vaste ou d'autres quartiers [1]. Ces deux processus encouragent la maîtrise d'ouvrage (villes, aménageurs, opérateurs, etc.) à rechercher des formes et des moyens nouveaux, soit de concertation « curative » appuyée sur des arguments de démonstration et de persuasion assez construits pour faire face aux opposants et aux contre-expertises, soit de concertation « préventive » par des actions politiques volontaires d'« implication » des citoyens et usagers, appuyées sur des arguments pédagogiques afin de réduire les

---

[1] Ainsi, les enquêtes d'utilité publique demeurent assez formelles, affaire d'experts plus que de participation citoyenne.

risques de mouvements réactifs secondaires. Dans ces deux situations, non exclusives l'une de l'autre, les maquettes virtuelles sont évoquées comme support de médiation possible : dans le premier cas elles seraient une aide à la gestion des conflits sur des questions de nuisance ou de risques, dans le second elles permettraient de sensibiliser au sens collectif du projet [1].

Passé ce rapide regard sur le contexte de développement des maquettes virtuelles et sur les dynamiques techniques, disciplinaires et professionnelles à l'œuvre, considérons les à présent sous l'angle des objets qu'elles travaillent à des fins de représentation et de communication.

Intentions et contenus portés par les maquettes virtuelles

Nous avons convenu de désigner sous le terme de « maquette virtuelle » la simulation par ordinateur de formes et de phénomènes reposant sur l'emploi d'images de synthèse en trois dimensions plus ou moins couplées à des techniques de réalité virtuelle. Définition technique qui ne livre rien de la nature des objets manipulés et des options prises pour les représenter.

L'image de synthèse est une image créée par ordinateur à partir de données numériques. Elle peut être la composition de différents types d'images de synthèse : images numériques issues du réel visible (photo, film, relevés) ou invisible (infrarouge, microphone, capteurs divers), images numériques issues de l'imagination (architecture, paysage) ou du calcul (modélisation de phénomènes physiques : vent, bruits, éclairage, etc.). Par la combinatoire des sources numériques utilisées, une image de synthèse donnée peut être conçue de façon à rendre difficile, voire impossible, l'identification de la source des images numériques utilisées pour sa réalisation (réel/imaginaire, visible/invisible, etc.) [2]. Tout l'art de l'infographiste réside dans cette capacité à faire illusion, à mélanger réel construit et projet, réalité et imaginaire. En outre, les capacités de la numérisation permettent de produire des images de synthèse pouvant être figuratives, symboliques, réalistes ou mariant les genres, suivant les intentions poursuivies. Ce tout possible de la combinatoire des données est largement utilisé dans la publicité, le cinéma, les jeux vidéo. Comme le souligne Claude Huriet [3] « *si l'image est parfaitement "réaliste", il s'agit du seul choix de l'opérateur qui s'est attaché à construire une image attractive* ».

Concernant la réalité virtuelle, faute de définition unanime, on observe une convergence de sens :

---

1 Exemple des maquettes Cité-Vision de Rennes.
2 Lors de nos entretiens, par exemple, un développeur nous a présenté un échantillon de photos d'images de synthèse qu'il avait réalisé pour illustrer des projets sur sites ; il n'était plus capable d'assurer la différence entre celles purement fictives et celles qui combinaient numérisation de photos de réalité et d'éléments de projets non encore réalisés.
3 Claude Huriet, sénateur, *Images de synthèse et monde virtuel : techniques et enjeux de société*, rapport, Assemblée nationale n° 526, Sénat n° 169, 1997-1998.

– « *un système de réalité virtuelle est une interface qui implique de la simulation en temps réel et des interactions via de multiples canaux sensoriels (vision, toucher, odorat, goût)* » [1] ;
– la réalité virtuelle est « *l'immersion d'un sujet dans un monde imaginé et créé informatiquement qui, grâce à des interfaces, donne l'illusion de percevoir et d'agir comme dans le monde réel* » (J.-P. Papin) ;
– avec la réalité virtuelle, « *l'image cesse d'être une représentation pour devenir un lieu dans lequel on se déplace. Avec le virtuel, l'homme cesse d'être le spectateur d'une image pour devenir acteur dans l'image* » (C. Huriet).

Ces définitions mettent l'accent sur l'emploi de techniques (immersion, navigation en temps réel, intervention/interaction) agissant sur les sens (vue, ouïe, toucher, etc.) et donnant au sujet l'illusion de percevoir et d'agir « comme en vrai ».

La capacité à produire des images de synthèses toujours plus sophistiquées et à créer des illusions sensorielles toujours plus assurées ne cesse de croître, avec en vue la production de mondes virtuels : « *La réalisation d'un monde qui n'a aucune réalité physique, mais donne à l'utilisateur, par excitation adéquate de tout son système sensoriel, une sensation avec l'impression parfaite d'être en interaction avec un monde physique* » [2].

Ce détour rapide par les notions d'« image de synthèse » et de « réalité virtuelle » permet de poser le fond problématique du développement des maquettes virtuelles en architecture et urbanisme :
– l'image de synthèse traite de la présentation graphique d'informations hétérogènes pour représenter des objets. Rien n'oblige à effets de réalisme dans la production d'images numériques. Ils relèvent d'un choix. En matière d'architecture et d'urbanisme, se répand l'idée que plus l'image de synthèse est traitée de façon réaliste et mieux elle pourrait convaincre qu'elle figure une réalité ;
– la réalité virtuelle traite de la communication sensorielle à fin d'immersion du sujet dans des objets. Plus on perfectionne l'illusion des sens par des stimuli réalistes et mieux le sujet se vivrait en situation de réalité.

Ce redoublement du traitement objet/sujet tire la production de la maquette virtuelle vers le réalisme de la représentation [3]. La confusion entre « réalisme » et « réalité » surgit aussitôt :
– s'agissant d'un objet du passé, la réalité **a été** [4] ; le représenter de façon réaliste soutient l'intention de figurer sa réalité passée ;
– s'agissant d'un objet du présent, la réalité **est** ; le représenter de façon réaliste sert à transcrire sa réalité de la façon la plus fidèle possible [5] ;

---

1 http://brahma.imag.fr/Multimedia/DESSGI/Realite-Virtuelle/html/rvo.htlm
2 Philippe Coiffet, *Mondes imaginaires*, Thermes, 1995, p. 14.
3 Le seul effet de réalisme par immersion du sujet ne signifie pas que le monde virtuel dans lequel il se déplace ou agit figure une réalité ; les jeux vidéo ou le cinéma à effets spéciaux en témoignent.
4 Maquette virtuelle de la Rome antique, par exemple, ou bien celles des phases de l'histoire de Rennes dans notre enquête.
5 Les maquettes virtuelles du Rennes actuel suscitent immédiatement des critiques dès lors qu'elles ne sont pas la réplique exacte de la réalité observable aujourd'hui.

– s'agissant d'un projet (toujours accroché à un existant), la réalité **est et sera** ; mettre le réalisme au service du projet sert à fournir une représentation anticipée de sa « réalité » à venir.

Si la tendance actuelle portée par les développeurs les plus modernistes est d'explorer les ressources des techniques d'immersion, reste que les développements les plus courants portent sur des représentations informatiques « non-immersives », car tous les phénomènes physiques ne se prêtent pas également à simulation sensorielle et leurs coûts de réalisation sont plus faibles. Pourtant, qu'il s'agisse de techniques « immersives » ou « non immersives », l'orientation reste de produire des représentations les plus réalistes possibles pour communiquer une réalité (passée ou à venir). Que le virtuel et son réalisme introduisent une confusion (assimilation ?) avec la réalité n'est pas qu'affaire de technique utilisée (déterminisme technique). Elle est avant tout affaire d'intentions. Comment interroger la construction sociale de ce chassé-croisé entre « réalisme » et « réalité » dans l'expression de projets architecturaux ou urbains ? Quelles en sont les conceptions ou intentions sous-jacentes ? Nous proposons comme hypothèse la recherche d'une maîtrise du futur par des prédictions mesurées appuyées sur des modes unifiés de représentation à valeur de langage universel.

Représentation unifiée et langage universel

Que les acteurs de la construction et de la ville cherchent à développer des outils de simulation et de prédiction n'est pas nouveau. Ce qui est nouveau nous semble être la recherche d'un traitement informatique unifié des phénomènes constructifs et, par le virtuel, le recours au sensoriel comme langage universel pour les représenter et les communiquer. Depuis plus de dix ans, l'essentiel des efforts en informatique et télématique porte sur la définition des standards et sur les créations d'interfaces de communication entre des logiciels différents. Tout est interface et intégration de données, de machines communicantes. La recherche de couplage entre CAO et logiciels de calcul, CAO et SIG etc., illustre ce processus [1]. Les promoteurs d'images de synthèse en 3D insistent sur le fait que la modélisation d'un objet en trois dimensions (volume) permet d'extraire autant de sous-produits que l'on souhaite en deux dimensions (plans, graphiques, etc.), l'inverse n'étant pas vrai. Ajoutons à cela les développements désignés sous les termes de « réalité virtuelle augmentée » ou « environnement virtuel enrichi » et la 3D de l'image de synthèse pourrait devenir la matrice de tous modes de représentation [2].

La valorisation du virtuel par ses promoteurs repose sur l'idée selon laquelle le sensoriel peut être un vecteur universel de communication et d'expérience partagée (plus besoin de savoir lire des plans ou de comprendre un graphique) et que

---

[1] Dodge, S. Doyle, A. Smith, S. Fleetwood, « Réalité virtuelle et SIG internet pour la planification urbaine », *in Les Cahiers du numérique*, Hermès, volume 1-n° 1-2000, pp. 59-73.

[2] Cette notion d'« augmenté » est diversement utilisée pour exprimer la surimposition ou l'ajout de données exogènes à l'objet traité. Le CSTB en 1999 a ainsi nommé « Réalité virtuelle augmentée » ses projets de simulation/visualisation d'expertises techniques, pour lui préférer en 2000 l'expression « Environnements virtuels enrichis ».

cette perception « intuitive » des objets par l'image (visuelle, sonore, etc.) permettrait d'en fonder une approche cognitive. Construit sur des simulations géométriquement exactes associées à l'emploi d'un langage universel sur base sensorielle pour les communiquer, le réalisme de la maquette virtuelle alimente la perspective idéalisée qu'elle puisse devenir un outil banal d'expression synthétique de projets, capable de soutenir des actions de concertation professionnelle et/ou publique. Mais de quelle vision synthétique s'agit-il ? Quelles sont les « réalités » que l'on veut prévoir, que l'on peut simuler, que l'on propose à concertation ou communication ?

Les contenus de la représentation : questions d'ambiances

Pour les politiques, comme pour les professionnels de la construction et de la ville, l'heure n'est plus aux utopies, à l'inscription dans l'espace de volontés, à transformations sociales ou économiques radicales ; l'heure est à la réparation, à la conservation, à la gestion prévisionnelle et à la minimisation des risques ; l'heure serait à la gestion patrimoniale et à l'organisation de la quotidienneté par une concertation renouvelée permettant de construire une représentation commune de projets appuyée sur des expertises partagées. Quels sont ces objets soumis à expertises ? Que caractérisent-ils de la qualité d'un projet ? Quels en sont les paradigmes ? En quoi les maquettes virtuelles sont-elles un support pour les représenter ?

À l'analyse, il nous est apparu que le recours au virtuel inscrit sa légitimité pratique en s'affirmant à la croisée de trois grands champs de préoccupations correspondant à trois catégories de jugements différents :

– L'approche par l'esthétique des formes architecturales et urbaines est inhérente à la démarche projet à ses différentes phases. Elle met souvent en débat l'architecte et le maître d'ouvrage (l'opinion aussi) qui souhaiterait d'entrée de jeu « voir à quoi ça va ressembler ». La simulation visuelle active ce débat, car elle appelle toujours plus d'anticipation de formes, de détails, de mise en relation du projet avec son environnement.

– L'approche par la simulation des performances techniques est en plein essor. Il ne s'agit plus seulement d'apprécier les performances techniques du bâti (sécurité, faisabilité, etc.) mais encore de simuler des phénomènes physiques (sonores, lumineux, climatiques, environnementaux, de pollution, etc.). Plus la demande en simulation de performances intervient en amont et plus la définition formelle du projet doit avoir été précisée. La demande en simulation amont de performances commande une définition précoce des formes et des matériaux. Mais ces simulations de performance peuvent aussi conduire à des modifications importantes du projet [1].

---

[1] Par exemple : le projet initial du grand stade de Saint-Denis a été profondément modifié (nombre et forme des poteaux, structure de couverture, etc.) suite à des simulations aérauliques de résistance au vent.

Champ 1 : esthétique

Formes spatiales
et architecturales

Composition, échelles,
matériaux, ornements, etc.

→ Ordre de l'esthétique,
du goût, du symbolique

Champ 2 : technique

Phénomènes physiques
Normes et réglementations

Incidences, effets, impacts, etc.

→ Ordre de la performance,
de l'expertise technique

Champ 3 : usage

Utilisations, comportements, entretien et maintenance

→ Ordre du sens pratique, fonctionnel et instrumental

— L'approche par l'usage est actuellement peu développée. Notion par excellence polysémique et complexe, l'usage se prête mal à la modélisation, à la prédiction [1]. L'approche de l'usage dans la simulation est principalement rapportée à des préoccupations fonctionnelles ou comportementales ayant fait l'objet de modélisation scientifique. On trouve ainsi des expertises relatives aux déplacements, aux comportements en situation d'incendie, à l'accessibilité et à la signalétique des lieux, etc. Mais rien qui qualifierait les pratiques urbaines ou celles d'équipements, telles que les rites ou l'événementiel, les rapports de l'individuel au collectif, du privé au public, les modes d'appropriation différentiels des espaces et des lieux [2].

La mise en représentation unifiée de ces trois approches traduirait les performances d'un projet sous une forme synthétique, d'accès banal, permettant de réaliser des visites virtuelles. Mais de quelles performances s'agit-il ? Le champ des performances dont il est question n'est ni de l'ordre de la « mécanique » de la construction (forces et résistances, etc.) ni de l'ordre de l'économie du projet. Dans les applications que nous avons étudiées, il se positionne à l'articulation entre la **matière** et le **sensible**, entre la physique, la physiologie et la psychologie comportementale, pour caractériser un **cadre de vie** expertisé et représenté comme un **milieu de vie**. Déclinées en termes de confort, santé, sécurité, environnement, accessibilité, etc., les composantes de ce milieu de vie simulé participent de la construction du paradigme des ambiances comme référent pour exprimer et juger de la qualité des espaces et des lieux.

La notion d'ambiance supplée, sans l'effacer mais en la transformant, celle de « paysage » utilisée depuis longtemps. On a vu apparaître la notion de « paysage urbain » pour exprimer l'idée d'une harmonie maîtrisée, notion portée avant tout par les architectes et urbanistes. Dans la notion de « paysage », le sujet est mis en situation d'extériorité, il regarde et contemple une urbanité comme fait de nature

---

[1] La sociologie prédictive préfère parler des potentialités d'usage de l'espace que d'adéquation fonctionnelle espace/usage : l'espace comme ressource d'usage et de pratiques inventives.

[2] Cf. Gwenola Thomas, « Piétons synthétiques », in *Les cahiers du numérique*, sous la direction de Victor Sandoval, Hermes, vol. 1 n° 1-2000. Où il développe que *« les villes virtuelles ne seront vraiment réalistes que peuplées »*.

(Rousseau face à la nature), il médite sur le sens des choses. Avec la notion d'« ambiance » le sujet est mis en situation d'immersion dans un milieu ; voir n'est pas observer mais ressentir, en liaison aux autres sens : la sensorialité commande la subjectivité et domine la réflexivité. Dès lors, « paysage » et « ambiance » s'influencent : on parle de « paysage sonore » et d'« ambiance sonore » de façon indifférente. Cette contamination résulte de ce que le « confort d'ambiance », longtemps considéré comme absence de ressenti (neutralité physiologique), s'enrichit de l'idée de variation raisonnée (stimulation modulée des sens) que la notion de « paysage » incorpore.

De l'ambiance, conçue comme principe d'aménagement technique du monde, Pascal Amphoux [1] dit « *[...] en enchantant l'individu, elle désenchante le monde. En se faisant désirer comme représentation de tout ce qui n'existe pas, elle contribue à rendre désirable la réalité de tout ce qui existe* » « *La production d'ambiances est un moyen de transfigurer le monde et de s'accommoder de son caractère instable, fragmentaire et commutant* ». Ainsi, les ambiances purifieraient le monde. L'approche technique et performantielle des ambiances évacue l'acteur urbain au profit de l'utilisateur et les rapports sociaux au profit de la masse. Cette évacuation du social et du politique contribue à conforter des approches environnementalistes en place de projet urbain, venant ainsi renforcer la rupture disciplinaire entre les sciences de l'ingénieur et les sciences sociales.

L'ambiance mesurée, calculée, simulée appartient aux sciences de l'ingénieur. Par sa capacité à qualifier un « milieu », l'ambiance présente toutes les vertus requises pour soutenir sa mise en représentation virtuelle. Réciproquement, le virtuel, en tant qu'outil de représentation, encourage à valoriser la caractérisation du projet par l'ambiance. Entre la caractérisation de l'objet et son mode de représentation, la boucle semble bouclée. Il y a là comme une perfection qui s'auto-alimente, rendant d'autant plus difficile la construction du jugement critique que la question des ambiances est partie prenante d'enjeux environnementaux sensibles en milieu urbain (nuisances, pollution, risques, etc.) et que le virtuel est engagé dans une phase active de diffusion sociale qui combine le sérieux et le ludique.

En deçà et au-delà du réalisme et des ambiances

Si la construction du jugement critique sur l'emploi du virtuel dans la démarche de projet est difficile, les opinions critiques sont nombreuses. Nous ne retiendrons pas celles dont l'expression est avant tout subjective et qui expriment une attitude défensive ou réactive spontanée, comme c'est souvent le cas face à toute innovation. Nous nous attacherons à considérer celles qui sont construites sur une réflexion issue d'acteurs ouverts aux nouvelles technologies, favorables à leurs développements, à l'expertise professionnelle et à la concertation publique. Ces

---

[1] Pascal Amphoux, « La valse des ambiances », *in Évolution des modes de vie et architecture du logement*, PUCA n° 42, Paris, juin 1993, pp. 83-88.

constructions critiques sont de deux natures : celles qui sont favorables à la représentation réaliste mais qui en interrogent les limites, celles qui s'opposent aux effets de réalisme dans la représentation elle-même.

La critique de l'immersion

La critique de l'immersion porte sur l'implication des sens dans la mise en communication du projet. Tout phénomène d'ambiance peut-il être mis en réalité virtuelle ? Quelle est la nature des jugements à l'œuvre dans une visite virtuelle ? La vue seule ne fonde pas la réalité virtuelle. Elle doit être complétée par la mobilisation d'autres sens, l'ouïe, l'odorat, le toucher, et par la capacité d'agir, de se déplacer, d'intervenir sur les objets représentés, etc. Pour l'heure, dans les domaines de la construction, seule la vision et l'ouïe (de façon très nouvelle) font l'objet de développements expérimentaux. La sollicitation de ces deux sens est plus ou moins complétée par des possibilités limitées de déplacement dans l'espace représenté et d'interaction avec lui (survol aérien, zoom, modifications en temps réel de formes, de matériaux, etc.). Dans différents centres de recherche académiques et/ou industriels, des expériences se développent pour simuler les phénomènes sensibles. Le secteur de la construction n'est pas leader en ce domaine. Il bénéficiera pour l'essentiel des retombées d'autres secteurs (industries des transports, des cosmétiques, du sport, etc.) dans une temporalité et dans des conditions de transfert difficiles à prévoir, à se représenter. Pour autant, tout phénomène relatif aux ambiances permet-il une modélisation numérique (les odeurs par exemple) ? Permet-il une représentation sensorielle ? Prenons les composants qui définissent la qualité de l'air : le CO^2, par exemple, est-il sensoriellement perceptible ? La réponse à ces questions n'est pas simple. La compréhension des phénomènes physiques et de perception sensorielle est partielle ; elle évolue avec à l'avancée progressive des connaissances. Autant de facteurs qui contribuent à situer les limites du recours à la réalité virtuelle ou simplement à la figuration réaliste pour représenter des phénomènes d'ambiance.

Certains développeurs [1] d'environnements virtuels s'interrogent sur les processus psychologiques à l'œuvre dans la réalité virtuelle et sur les mécanismes de séduction et/ou de répulsion associés aux situations d'immersion. La banalisation de la réalité virtuelle par les jeux vidéo introduit à l'idée de « capture » instrumentale du sujet. Qu'est-ce qui, dans l'appréciation « intuitive », relève du jugement de valeur, du sens commun, de la pensée raisonnée ? En quoi et comment le ressenti permet-il une objectivation du projet ? À ces questions, nulle réponse à ce jour. Elles ouvrent sur un champ de recherches expérimentales à engager qui ne pourront se contenter de s'appuyer sur des expériences en laboratoire mais devront s'inscrire dans des situations réelles de projet, avec toutes les difficultés méthodologiques propres à ce type d'exercice. Pour l'heure, le postulat implicite par lequel le sensoriel pourrait être un vecteur universel de communication transdisciplinaire et transculturelle et qu'il pourrait favoriser une approche cognitive des objets par leur perception intuitive n'est pas établi.

---

1 « *Ce que l'on ne sait pas c'est ce que les gens perçoivent et comment ils construisent des appréciations* », nous a dit un développeur de maquettes virtuelles acoustiques du CSTB.

La critique du réalisme

La critique du réalisme est plus fondamentale. Elle présente deux volets, l'un fondé sur le processus d'invention à l'œuvre dans la conception, l'autre fondé sur les conditions d'emploi d'expertises à fins de concertation. La critique relative à l'emploi de maquettes virtuelles et d'images de synthèses réalistes est portée par la plupart des architectes. Elle est d'autant plus vive que l'emploi en est fait très en amont alors que le projet est à l'état d'esquisse, que seules ses grandes lignes sont proposées, pour soutenir ce que les architectes appellent « le parti », c'est-à-dire les relations entre un programme et des intentions formelles. L'opposition ne se fonde pas sur un rejet des images de synthèses en elles-mêmes ; au contraire, celles-ci peuvent être valorisées comme support graphique complémentaire à des plans, des esquisses dessin, des maquettes en dur. Elle se fonde principalement sur l'hostilité à forcer une mise en représentation formelle descriptive, alors que bien des choix ne sont pas faits, des options pas définies : « *Le projet est un fantôme, sa réalité est à venir* » [1].

Une illustration en est donnée par Alain Sarfati lors d'un projet pour Melun Sénart [2] : « *J'avais compris sur Roubaix que l'exercice était de représenter la réalité, c'est alors que j'ai vu que tout cela faisait fausse route* ». Pour le projet sur l'espace central de Melun Sénart, Alain Sarfati décide une autre approche : « *dans un premier temps, énoncer les contenus programmatiques et stratégiques*. [...]. *Dans ce premier temps de travail, à l'agence, la réflexion est effectivement spatialisée et donne lieu à des dessins, assez élaborés, où apparaissent des hypothèses de tracés souvent précis et localisés, en même temps que se constitue la figure graphique du projet* ». « *Le deuxième temps du projet se déroule, devant l'écran, au CIMA où le projet doit être entré en machine ;* [...] *informer les éléments graphiques mis en place à l'agence d'un "cahier des charges métaphoriques"*. *Il s'agit d'évoquer l'organisation d'un espace qui ne peut être encore montré ou visualisé et le projet est alors raconté plutôt que décrit : énoncés, évocations et images référentes informent et qualifient les données figuratives*. [...] *les techniques de l'image, ici l'infographie, sous-tendent des arguments du projet* ». Et Sarfati de conclure : « *Ne perdez pas de vue que j'ai toujours dit, ou considéré, ou même écrit que ce type d'image (les images de synthèse), pour moi, est utilisé au même titre qu'un fusain est utilisé dans une esquisse, dans la mesure où la qualité du fusain c'est d'apporter du flou* ».

Chez l'architecte, l'expertise prend son sens au cours du processus de conception pour en affiner les choix et pour les partager. À ce titre les recherches/actions développées par Albert Dupagne [3] sont exemplaires. À l'initiative d'un ensemble de travaux relatifs à la conduite et aux outils du projet [4], Albert Dupagne construit une critique radicale du réalisme qu'il nomme le « *vérisme* » et qu'il situe au regard du « marketing arrière » et du « marketing avant » : « le marketing arrière » : on fait la

---

[1] Expression de Rémy Butler.

[2] Jean-Marc Chancel et Jean-Michel Savignat, *Les figures de l'incertain, à propos du concours de Melun Sénart*, Ville et Architecture, 1990, pp 72-87.

[3] Albert Dupagne, architecte/urbaniste, directeur du LEMA à l'université de Liège en Belgique.

[4] *Cf.* programme européen COST-uce de la DG XII, Action C « *Management an information application development in urban civil engineering* », ou « *international workshop on Groupware for Urban Planing* », 1998.

maquette, on vend la maquette. Si c'est faire une maquette comme exposition de résultat, c'est un moyen de communication comme un autre. Il n'y a pas d'informations nouvelles créées par la maquette. C'est dépenser de l'argent pour communiquer, mais sans apports spécifiques. Le « marketing avant » : c'est mieux comprendre les intentions du maître d'ouvrage et du maître d'œuvre, les aider dans l'avancée de leur projet. Par exemple, un maire dit « *je veux une place* », mais quelle place ? « *Je veux une belle place* » on n'est pas plus avancé.

« *Dans la représentation d'un projet, le "vérisme" est flatteur, mais il est une illusion optique. C'est vrai de la perspective, encore plus dans les maquettes virtuelles. Les maîtres d'ouvrage veulent voir, ils voient, mais on retombe aussitôt sur une analyse sensible "ça me plaît, ça me déplait", selon ma culture et mes goûts. La maquette virtuelle dans laquelle on se promène n'apporte rien si l'on n'est pas capable d'analyser, de comprendre, comme lorsqu'on est dans un espace réel qu'on connaît. Nous, architectes, avons tout fait pour sortir de ça, pour arriver à des choses analytiques, instrumentées, reposant sur des concepts nouveaux. Notre représentation ne peut pas être "vériste". On fonde nos approches sur des outils analytiques permettant une réflexion, à la limite une lecture sans image. À Liège, place Saint-Lambert, nous avons travaillé à partir des notions de densité, d'accès au ciel, etc., en utilisant des modes de figurations en projection sphériques complétées par des images analytiques particulières pour aider à construire la demande. C'est très efficace. On cherche des images qui parlent au cerveau et pas à l'œil. Toutes les images sont fausses, chacune utilise des paramètres particuliers, mais il y a celles qui séduisent et celles qui éclairent* ».

Pour Albert Dupagne, le « réalisme » dans la représentation du projet a valeur de communication publicitaire mais ne saurait soutenir une concertation interprofessionnelle ou avec les citadins. Celle-ci ne peut être soutenue qu'en observant deux conditions : par des représentations non réalistes symbolisant des mesures liées au projet et par la mise en comparaison de ces représentations avec celles issues de réalités connues de tous les partenaires afin de soutenir une réflexion appuyée sur des expériences acquises [1]. Il s'agit de sortir de l'affectif et du sensible pour créer les conditions d'une concertation mobilisant les savoirs de chacun.

Concertation et communication : des outils à différencier

Qu'elles soient exprimées de façon nuancée ou de façon radicale, les interrogations que suscite le développement des outils de simulation et de représentation au sein de la maîtrise d'œuvre et de la maîtrise d'ouvrage conduiraient à devoir opérer une différenciation entre ce qui relève de la concertation dans la démarche de projet et ce qui relève de la communication publique. Le schéma

---

[1] La concertation entre les acteurs, professionnels, politiques et citadins, s'est construite sur la mise en comparaison du projet de la place Saint-Lambert avec d'autres places existantes connues de tous, en utilisant des techniques de projection sphérique figurant différentes expertises : densité, accès au ciel, vue, etc.

ci-dessous propose une structuration de la position relative des techniques informatiques de la représentation suivant deux axes :
axe 1 : figuration de l'objet : images de synthèses (non réalistes réalistes) ;
axe 2 : implication sensible du sujet : interfaces non immersives (immersives).

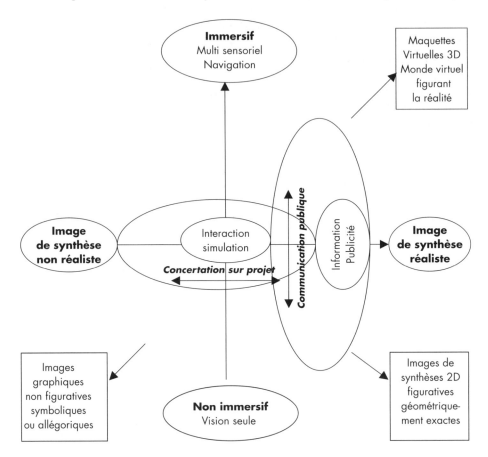

Ce schéma permet d'illustrer la différence à construire entre les outils informatiques de la concertation et ceux de la communication dans la conduite du projet, que les conditions actuelles de développement des maquettes virtuelles contribuent à confondre. Pour l'heure, les ambiguïtés inhérentes au « virtuel », redoublées par les enjeux politiques projetés sur l'architecture et l'urbanisme, instaurent une confusion entre concertation et communication, entre outils de « représentation » et outils de « présentation » du projet.

Sous le terme d'ingénierie collaborative, ingénierie concourante pour certains, est mise en perspective une vision de la conduite de projet comme processus d'intégration des compétences et des métiers le plus en amont possible du projet, en intégrant la gestion, le fonctionnement et les usages futurs. Cet idéal de rationalité par la concertation amont/aval correspond peu aux pratiques usuelles qui caractérisent le monde de la construction ou de la production urbaine. Certes, sous l'impulsion des préoccupations de développement durable et de gouvernance, certaines évolutions paraissent. Elles se construisent suivant des processus et des procédures extrêmement variés, dépendant de la nature des objets à construire et des manières de travailler des différents acteurs. Reste que la rationalité des choix est souvent modulée, voire démentie, par des objectifs d'autre nature, idéologiques, électoraux, sociaux, culturels, etc., qui ont peu à voir avec l'ingénierie et qui ne se prêtent pas à modélisation ou au traitement numérique. Ainsi, les situations expérimentales que nous avons observées n'illustrent pas de mise en œuvre sensible d'une ingénierie collaborative activée par l'usage de maquettes virtuelles. Tout au plus avons-nous pu identifier quelques relations duelles ingénieur/concepteur sur des problèmes délimités, pour lesquels une maquette virtuelle a servi de support, sans que l'on puisse assurer que son emploi a fondé des choix qui, en son absence, auraient été autres.

Toutefois, dans des projets importants où les contraintes techniques sont particulièrement fortes (secteur des travaux publics par exemple) on conçoit que les interactions entre sciences de l'ingénieur puissent être soutenues par des outils de compréhension partagée des problèmes à résoudre. La maquette virtuelle est-elle une ressource performante pour ce faire ? Sans doute, si on la tient comme une base de données techniques liée à des logiciels de calcul puissants capables de faire des simulations en temps réel (interactivité) des différents paramètres techniques ; moins sûrement si on la tient pour un support de représentation à rendu réaliste mobilisant l'intersubjectivité. Engager une prédiction sur la position que les maquettes virtuelles pourraient prendre dans la concertation n'est pas aisé. Nous percevons bien une demande croissante de la maîtrise d'ouvrage urbaine ou de grands opérateurs, moins semble-t-il à des fins de concertation que de vision du projet dans ses aspects formels. Si l'on tient la concertation comme une pratique réflexive sur le projet, appuyée sur différents types d'expertise et mobilisant différentes catégories d'acteurs (professionnels, politiques, usagers, citadins), le recours à la maquette virtuelle soulève nombre de difficultés relatives, d'une part, aux objets très limités qu'elle permet de représenter, d'autre part, aux modes de perception qu'elle mobilise dont les fondements cognitifs sont incertains. Sans doute comme il en est pour toutes les NTIC, la diffusion sociale et l'emploi banalisé des maquettes virtuelles contribueront-ils à développer des mécanismes d'apprentissage (instrumentaux et cognitifs) et à définir plus précisément ses domaines pertinents d'application. Nous n'en sommes pas là.

En tout état de cause, la maquette virtuelle ne fait pas et ne fera pas la concertation. C'est la mise en œuvre et l'exercice de la concertation, appuyés sur son évaluation, qui permettront de produire et sélectionner les outils qui lui sont/seront utiles. Pour l'heure, les conditions dans lesquelles sont produites les maquettes virtuelles chargées d'expertises sont trop coupées des pratiques professionnelles de ceux qui produisent l'architecture et la ville pour qu'elles puissent soutenir des dynamiques de concertation. Leur emploi reste limité, sectoriel, concentré sur des points d'observation particuliers internes à la maîtrise d'œuvre (ingénieur/ingénieur, ingénieur/architecte, etc.), associant exceptionnellement des usagers.

La maquette virtuelle comme rendu réaliste est diversement imaginée pour soutenir une participation accrue de la population lors de consultations publiques. Ne nous y trompons pas, la participation est chose redoutée par tous les maîtres d'ouvrage, particulièrement lorsqu'elle porte sur un projet concret et à court terme.

Dans notre recherche nous avons identifié trois formes d'action de communication :
– une communication visant à convaincre une opinion hostile ou réactive à un projet précis. Dans ce cas, la maîtrise d'ouvrage préfère souvent déléguer l'action de communication à des tiers experts qui, forts de la scientificité de leurs propos, ont charge de convaincre l'opinion par des arguments rationnels. Mais, il n'est pas apparu souhaitable à ce jour que des maquettes virtuelles soient utilisées à cette fin, tant elles pourraient activer des opinions et des jugements émotifs ou irrationnels ;
– une communication visant à engager un dialogue citoyen, de moyen et long terme, avec la population pour l'impliquer dans des échanges sur des projets urbains, sur les intentions politiques, sociales et économiques de la municipalité en matière d'urbanisme et d'aménagement ; ou bien pour faire connaître les choix qu'elle a fait. Dans ce cas, l'emploi de maquettes virtuelles a paru bien accueilli et pouvoir être un support pédagogique utile, en complément d'actions de participation et de débats publics soutenus par une maîtrise d'ouvrage forte et reconnue ;
– une communication à fins d'information générale, de marketing public, orientée vers l'extérieur pour conforter l'attrait touristique ou économique de la ville.

En bref, l'emploi de maquettes virtuelles comme outils de communication serait moins adapté à la gestion de conflits ou à la régulation opérationnelle qu'à la promotion d'idées et à la publicité. L'accueil social réservé à ce média dépendrait principalement de la capacité de la maîtrise d'ouvrage à construire sa légitimité auprès de sa clientèle, des initiatives qu'elle prend pour donner sens à ses actions et des échelles de temps et d'espace dans lesquelles elle situe ses projets. Prenant place parmi les arts cinématographiques, la maquette virtuelle peut construire sa crédibilité technique par l'exactitude des simulations et le réalisme des effets, ce qui ne saurait pour autant assurer sa crédibilité sociale ou politique.

Postface

L'aménagement entre processus et transaction

Olivier Piron

Le travail tout à fait imposant réalisé par l'équipe rassemblée par le PUCA et animée par Michel Bonnet fait bien le point des données actuelles sur les transformations de la commande et les partenariats entre acteurs à propos de la conception et des réalisations attendues du cadre bâti. Cependant, analyser le contexte et les processus de la commande, ne peut suffire à décrire l'impact des décisions ainsi prises. Axées sur les mécanismes de gouvernance, professionnels compris, ces analyses laissent forcément de côté l'un des éléments essentiels de la réalisation, à savoir la population qui, d'une façon ou d'une autre, est amenée à valider les choix, la gestion du temps et le poids des capitaux, publics ou privés, indispensables à la réalisation des objets.

La population n'intervient en effet que peu dans les processus décrits. Certains articles expliquent bien l'existence de procédés modernes pour dialoguer avec elle, d'autres mentionnent que l'existence de projets urbains réclame un dialogue avec les personnes concernées, mais la population semble rester un acteur périphérique dans la plupart des raisonnements. Bien évidemment, une hypothèse implicite est faite : en régime démocratique – ce qui est bien une caractéristique commune de tous les cas de figure analysés –, les pouvoirs publics relèvent du suffrage universel ; ils sont conduits in fine à lui rendre des comptes. Pourtant, peu de choses ont été dites dans le cadre de ce programme sur l'intervention du public en cours de processus. Or, c'est une donnée dont le poids s'avère croissant.

Les réponses classiques sont bien connues.

Face aux déboires de certains processus de décision qui conduisent à de véritables blocages politiques, tous les pays ont peu à peu mis au point des processus de débats publics – comme par exemple une commission du débat public en France – pour permettre d'éclairer les choix avant les prises de décisions finales. Il s'agit là d'un grand progrès qui revient à reconnaître que l'expression des différents points de vue, parfois même ceux de simples particuliers, peut conduire à une meilleure formulation de l'intérêt général. Cette première solution reste cependant un peu limitée car même si, par exemple, elle permet de mieux discriminer les différentes variantes d'un même projet, elle ne permet pas toujours de remonter au cœur de leurs élaborations.

Des concepts plus élaborés sont également apparus, comme celui de l'« agir communicationnel » de J. Habermas avec son développement vers le « collectif d'énonciation » (O. Ratouis et M. Segaud), pour bien marquer qu'une décision collective ne peut résulter que d'un débat collectif en continu entre les différentes parties prenantes et ce, dès le stade de l'analyse des problématiques en cours. On risque alors de recroiser les débats rituels, un peu paresseux, entre démocratie représentative et démocratie participative, comme si la démocratie représentative ne reposait pas, d'abord, sur une participation des citoyens au moment des multiples votes qui le sollicitent à tous les échelons géographiques possibles. Un aspect est rarement évoqué : celui de la démocratie directe, or, il peut être déterminant. Les récents référendums sur le projet de constitution européenne, en France comme aux Pays-Bas, ont montré à quel point la démocratie directe pouvait remettre en cause les choix des dirigeants habituels. Plus près de notre sujet, la discussion sur le thème du retour des tours à Paris a été tranchée par des questionnaires remis à tous les habitants. Ils ont débouché sur des réponses non équivoques.

Bien entendu, cette nécessité d'ouvrir le débat au-delà des gouvernants habituels et des professionnels concernés dépend étroitement des sujets : entre la réutilisation de friches portuaires dans des secteurs non habités et la réutilisation de zones industrielles enclavées dans le tissu urbain, il existe des différences structurelles dans l'implication des citoyens. Ceux-ci se sentiront soit interpellés par les dynamiques futures de la ville sans incidences directes pour eux-mêmes, soit au contraire concernés dans leur vie quotidienne. Dans chacun des cas on découvrira que les citoyens ne s'intéressent pas à l'aménagement, à ce concept abstrait qui, de façon non définie, caractérise, selon le contexte, tantôt un processus – l'aménagement d'une ZAC par exemple, tantôt le résultat final – l'aménagement d'un parc ou d'une zone portuaire. Les interactions fines que nous connaissons tous entre projet et process passionnent les professionnels. Par contre, les débats qui en résultent, même lorsqu'ils ont des impacts forts sur le résultat final, sont totalement obscurs pour les non-initiés. On en a de manière rituelle des exemples quand les aménageurs, pour des raisons de simplicité juridique et administrative, pratiquent des zonages fonctionnels alors qu'il existe une demande forte pour des produits mixtes.

Une seconde dimension mérite d'être mise en lumière : celle du temps. Le temps des différents acteurs n'est jamais le même. Le temps des élus est structuré, à l'évidence, par le calendrier électoral, heureusement très prévisible pour les élus territoriaux, avec ses plages de non-décision et les « créneaux » permettant à l'inverse d'inscrire des dynamiques fortes, car calées sur des exigences de résultat à date donnée. Les temps des professionnels sont plus disparates : parfois l'affirmation de choix forts peut se faire relativement rapidement, après une procédure de marchés de définition, grâce à quelques années de débats entre professionnels sous l'arbitrage des collectivités territoriales. Mais souvent, notamment en matière de renouvellement urbain, les délais sont plus longs. Ils doivent par exemple inclure l'abandon de références passées – comme la disparition définitive du caractère originel de certains sites, ce qui ne peut se faire que graduellement. De même, l'appropriation de certaines options fortes – la démolition de bâtiments inaugurés à grand son de trompe quelques décennies auparavant – ne peut se faire que progressivement, à un rythme malheureusement inconnu à l'avance et en général toujours nettement supérieur à ce qui était escompté *a priori*. Enfin, ce que les aménageurs ont du mal à prendre en compte, c'est la temporalité des clients potentiels. Lorsqu'il s'agit de penser à des objets de programmes publics – une autoroute, une gare, une université –, les délais ne sont pas trop lourds de conséquences car la puissance publique tient dans sa main les éléments de programmes concurrents. En revanche, quand il s'agit d'éléments de programmes privés, tout dépend de la patience du partenaire. Si celui-ci veut réaliser une opération précise à date fixe – construction d'un musée ou installation d'une usine – et dans un climat de concurrence potentielle avec d'autres sites – c'est son calendrier qui, de fait, s'impose à tous. La concordance des temps tourne alors à l'épreuve de force, aux résultats aléatoires.

C'est là qu'intervient la dimension financière, souvent sous-jacente. En effet, bien souvent et notamment en cas de renouvellement urbain, l'aménagement ne mobilise dans un premier temps aucun capital frais : les terrains anciennement industriels ou portuaires, maintenant délaissés, sont portés par leurs anciens propriétaires qui n'ont généralement aucun moyen de forcer à une acquisition anticipée. De même, les quelques dépenses d'analyse et d'ingénierie urbaine ne représenteront *in fine* qu'une faible part de l'opération, même si leur mobilisation au simple stade de l'analyse urbaine est toujours difficile à obtenir. En revanche, dès qu'une opération s'enclenche, les immobilisations commencent à courir. Plus le projet est d'un seul bloc, plus les frais financiers sont élevés, plus les risques sont grands. Une gestion optimale des risques réclame donc un séquençage assez fin, calculé pour diminuer le découvert global et mieux fractionner les différents risques encourus.

Il est clair que dans ces conditions l'origine des capitaux joue un rôle crucial. S'il s'agit de capitaux publics, il n'y a généralement pas de calcul des frais financiers ; le calendrier est très optimiste et les dépenses sous-évaluées ce qui a pour effet de lancer des opérations nettement sous-capitalisées à l'avance. À l'inverse, le recours à des capitaux privés réclame des délais d'immobilisations sans recette beaucoup plus courts et des segmentations des projets à la fois plus prudentes et plus précises. L'origine des capitaux peut aussi jouer un rôle sur les éléments de programme eux-mêmes. Bien souvent les projets de partenariat public privé – les PPP – sont présentés comme des variantes pour réaliser des objets selon un programme donné. Il s'agit là d'une vision par trop réductrice. L'efficacité de la procédure PPP repose d'abord sur sa capacité à demander à la puissance publique partenaire d'exprimer ses besoins et de voir comment ces besoins peuvent se combiner, dans l'optique d'un gain commun, avec des actions analogues relevant de l'économie privée. Qu'il s'agisse d'avions ravitailleurs en période de guerre, transporteurs de fret ordinaire en période de paix ou encore de blanchisseries d'hôpital pouvant également servir de blanchisserie industrielle pour des besoins de l'hôtellerie privée, c'est le décloisonnement des commandes qui permet d'atteindre d'autres niveaux d'optimisation. Bien évidemment les avions ne sont pas les mêmes, non plus que le plan-masse de l'hôpital puisque la blanchisserie doit être dotée d'accès libres sur la voirie ordinaire.

De la même façon, dans le cas du renouvellement urbain, la nécessité de changer de référence urbaine peut influer sur la taille de l'opération ; alors que les pouvoirs publics, disposant de capitaux longs, peuvent opter pour des approches graduelles, les opérations privées doivent trouver d'entrée leur taille optimale, à la fois pour créer un marché minimal et pour bien jauger les risques en escomptant les dernières tranches bénéficiaires. Autrement dit, l'origine même des capitaux à mobiliser peut influer sur la composition des projets comme sur leur séquençage.

La théorie urbaine doit savoir composer avec les exigences du TRI (taux de rendement interne) des opérations envisagées.

Dans ces conditions, c'est le concept même d'aménagement qui mérite d'être interrogé. De plus en plus étroitement conditionné par les nécessités de « l'agir communicationnel », de la convergence des diverses temporalités comme par la nature des capitaux mobilisés, l'aménagement perd ainsi de sa splendide autonomie ; il s'avoue période de synthèse approfondie, ou plutôt de confrontations rudes pour être moins irénique, entre des exigences *a priori* peu conciliables mais qui doivent apprendre progressivement à travailler les unes avec les autres.

Tout aménagement devient alors transaction entre des présents qui d'habitude s'ignorent et des avenirs qui souhaitent retrouver leur propre autonomie interne après des années passées à rechercher des externalités qui ne sont, ni calculables, ni même certaines. Au fond, tout aménagement relève de paris faits autour de solidarités tant forcées que temporaires. Vouloir s'en passer pour retrouver le rêve des chemins juridiques, techniques et opérationnels prédéfinis, avec des résultats certains, ne peut conduire qu'à l'échec assuré. Les processus d'aménagement ne seront forts que s'ils dominent les aléas toujours présents dans ces opérations longues, que ces aléas viennent de la durée, du peuple ou du monde de l'argent.

Car comme le disait Simone Weil : « *Ce n'est pas le chemin qui est difficile, c'est la difficulté qui est le chemin* ».

Table des matières

Remerciements 3

Sommaire... 5

Introductions... 7

De la commande architecturale et urbaine 7
Michel Bonnet

Quelques perspectives sur la conduite des projets d'aménagement ... 13
Thérèse Evette

La fragmentation des contextes d'action et des processus de décision 13
Une action publique multipolaire 14
Compétition territoriale et réorganisation des entreprises 14
Une société urbaine divisée 15
Des partenariats renforcés....................................... 16

La redéfinition des référentiels d'action collective................... 17
Gouvernance, réseaux ou grappes organisationnelles................ 17
Du plan au projet, l'ingénierie concourante 18

Les enjeux stratégiques redessinent les processus 21
La conduite de projet : un travail collectif........................... 21
Une logique de service... 23

Acteurs professionnels émergents et outils techniques 25
Développeurs et médiateurs...................................... 26
Des outils techniques à l'ingénierie sociale......................... 27

Conclusion 28

Première partie
L'évolution des partenariats............................... 31

Chapitre 1
Projet urbain et complexité de la ville 33
Alain Bourdin

Contexte et défis du développement urbain........................ 34

Organiser la concurrence 36

La ville-acteur... 37
La construction de la ville-acteur.................................. 39
Les friches portuaires : un cas emblématique de renouvellement urbain ... 41

Ville-acteur et projet urbain 45

Conclusion 48

Chapitre 2
Les maîtrises d'ouvrage : des produits et des processus 49
François Lautier

    Préalables 49
    Modalités de la maîtrise d'ouvrage 50
    Démultiplications de la maîtrise d'ouvrage 51
    Le Technocentre de Renault *52*
    L'élaboration de logements sociaux 55
    Des ouvrages vus comme des services 56
    Des professionnalisations aux modes divers 58
    La conduite par l'aval 59
    L'ouvrage et le processus 60
    Sur la maîtrise d'ouvrage urbaine 61
    Diversité des interventions et des points de vue 61
    La pólis et ses ouvrages 63
    Conclusion 65

Chapitre 3
**Conception et réalisation de l'espace bâti :
les professionnels de la maîtrise d'œuvre** 67
Guy Tapie

    Professionnels de la conception et de l'expertise 68
    Propriétés 68
    Figures organisationnelles et modes de coopération 70
    Service, profession, collectif de travail 74
    Professions, activités de service et marchés 74
    Professions et compétence 77
    Professions et fabrication collective de projets 79
    Activité en actes et ingénierie hétérogène 79
    Coopération concurrentielle et interprofessionnalité 80
    Conclusion 81

Deuxième partie
**Transformations de la commande
et des expertises urbaines** 83

Chapitre 4
**Partenariat public-privé et bâtiment en Europe :
quelques enseignements** 85
Frédéric Bougrain, Jean Carassus, Marc Colombard-Prout

    Royaume Uni, Italie, Danemark, France :
    un trait commun, quatre contextes différents 86
    Quatre cas 88
    La restructuration d'un quartier à Bologne 88

La construction et la réhabilitation d'écoles à Ølstykke	90
La réhabilitation du siège du ministère des Finances à Londres	92
La construction de l'hôtel de police de Strasbourg	94
Quelques enseignements	97
Assurer un meilleur contrôle public de la relation contractuelle	*97*
Les nouveaux rapports entre production et gestion du cadre bâti	*98*
Le rôle croissant du service aux usagers du bâtiment	*99*
Conclusion	99

Chapitre 5
La construction des expertises techniques au sein du processus de projet 101
Jean-Jacques Terrin

Éléments d'un bilan : de nouvelles synergies entre conception et technologie	101
Les processus de projet se transforment	102
Une nouvelle culture de projet urbain se dessine	*102*
Des exigences renforcées	*103*
Une approche nécessairement transversale	106
Des expertises techniques dans la conduite de projets	108
La place Saint-Lambert à Liège	*108*
Trafalgar square *à Londres*	*110*
*L'expérience de l'*Environment Simulation Center, *New York*	*111*
La plate-forme EVE du CSTB	*113*
Des technologies pour la conduite du projet	*114*
Faciliter l'aide à la décision	*114*
Des croisements fusionnels entre projet et technologie	*115*
Vers un processus plus intégré	116

Chapitre 6
Entre les acteurs de la fabrication de la ville : les maquettes virtuelles .. 119
Philippe Dard

La « maquette virtuelle », tendances et dynamiques de développement	119
Les applications, de l'expression des formes à l'expertise des effets	120
Enjeux professionnels et politiques	121
Intentions et contenus portés par les maquettes virtuelles	123
Représentation unifiée et langage universel	*125*
Les contenus de la représentation : questions d'ambiances	126
En deçà et au-delà du réalisme et des ambiances	128
La critique de l'immersion	*129*
La critique du réalisme	*130*
Concertation et communication : des outils à différencier	131

Postface
L'Aménagement entre processus et transaction 135
Olivier Piron

141

Imprimé en France - JOUVE, 11, bd de Sébastopol, 75001 Paris
N° 385880V - Dépôt légal : Novembre 2005